110 Schwule und Lesben
111 Sicherheit
111 Sport und Erholung
113 Sprache
114 Stadttouren
115 Telefonieren
117 Trinkwasser
117 Uhrzeit
117 Unterkunft
124 Verhaltenstipps
125 Verkehrsmittel
128 Wetter und Reisezeit

129 Anhang

130 Kleine Sprachhilfe
135 Der Autor
135 Schreiben Sie uns
135 Impressum
136 Register
140 Liste der Karteneinträge
142 Zeichenerklärung
143 Göteborg mit PC, Smartphone & Co.
144 Übersichtskarte

Zeichenerklärung

★★★ nicht verpassen
★★ besonders sehenswert
★ wichtig für speziell interessierte Besucher

[A1] Planquadrat im Kartenmaterial. Orte ohne diese Angabe liegen außerhalb unserer Karten. Ihre Lage kann aber wie von allen Ortsmarken mithilfe der begleitenden Web-App angezeigt werden (s. S. 143).

Vorwahlen

- **Schweden:** +46
- **Göteborg:** 031

061gb Abb.: ld

Die zweitgrößte Stadt des Landes ist seit Jahrhunderten Schwedens Tor zum Westen. Egal ob Waren oder Menschen – das Kattegat, das maritime Kind von Nord- und Ostsee, war spätestens seit dem 17. Jahrhundert der schwedische Nabel zur Welt. Kostbare Güter sorgten für Wohlstand und revolutionäre, neue Gedanken und Weltanschauungen für einen freien, neugierigen Geist der Stadtbewohner. Ohne die Verbindung zum offenen Meer ist Göteborg schlichtweg nicht vorstellbar und das prägte und prägt die Westküstenmetropole bis heute.

Mobile Kulinarik

Urbane Erkundungstouren machen bekanntlich besonders hungrig: Auf einem Parkplatz in der Magasingatan offerieren mehrere Foodtrucks Fischiges, Wurstiges oder Asiatisches (s. S. 61).

Göteborg per Fahrrad

Mit dem Konzept von „Sty & Ställ" (dt. Lenken & Abstellen) gibt es seit Kurzem ein simples und ausgesprochen preisgünstiges Konzept des Fahrradverleihs. Für weniger als 3 € kann man drei Tage lang in 30-Minuten-Intervallen die „kleine Großstadt" mit ihren zahlreichen Fahrradstationen auf zwei Rädern erkunden (s. S. 109).

Bootstour auf dem Götaälv

Mit der Schiffslinie 285, dem „Älvsnabben", kann man das Zentrum der Stadt rechts und links des Göta-Flusses vom Wasser aus erkunden. Und das kostet nicht mehr als eine reguläre Fahrkarte des öffentlichen Nahverkehrs (s. S. 127).

070gb Abb.:ld

GÖTEBORG ENTDECKEN

Göteborg für Citybummler

Wie kaum eine andere Stadt dieser Größenordnung ist Göteborg perfekt dafür geschaffen, zu Fuß erkundet zu werden. Die Distanzen sind relativ kurz, da sich das Gros der interessanten Stadtviertel rund um den Innenstadtkern gruppiert. Grüne Bänder in Form von Parkanlagen durchschneiden das urbane Geflecht und sorgen so für angenehme Ruheräume.

Im Viertel **Inom Vallgraven** (dt. innerhalb des Wallgrabens) sind das historische Stadtzentrum und die heutige Innenstadt zu finden. **Schmale Straßen, Kopfsteinpflaster und Gründerzeitbauwerke** prägen weite Teile des Viertels. Charakteristische Bauten dieser Zeit sind beispielsweise das **Stadsmuseum** 5, das **Kronhuset** 4 und der **Gustav Adolfs Torg** 7 mit seiner imposanten Randbebauung. Sich einfach durch die Straßen und Gassen treiben lassen und die Eindrücke aufsaugen, den Stadtplan mal in der Hosentasche lassen und immer der Nase nach gehen – so erschließt sich einem ein anderes Stadtgefühl …

Jenseits des Stora Hamnkanals stellen **Göteborger Dom** 8, die **Große Markthalle** 9 und die **Feskekörka** 10 Perlen der stadtgeschichtlichen Entwicklung dar.

Das südlich des Rosenlundkanals gelegene **Haga** 18 ist das **fußgängerfreundlichste Stadtviertel Göteborgs.** In den schmalen Gässchen verkehrt man nur per pedes oder mit dem Fahrrad. Die immense Cafédichte des Viertels und die köstlichen Backwerke lassen selbst den passioniertesten Spaziergänger schwach werden und eine kulinarische Pause einlegen. An der **Hagakirche** 17 vorbei erreicht man in östlicher Richtung die Quartiere Vasastaden und Lorensberg, die ganz im Zeichen von Universität und Studentenleben stehen. Ruhige Seitenstraßen mit kleinen Grünanlagen zeigen eine andere Seite der Großstadt und im Sommer kann man in den zahlreichen Eckkiosken schnell ein Eis erstehen und eine gemütliche Parkbank erobern.

Möchte man ein Stadtgebiet erkunden und dabei den Touristenströmen absolut aus dem Wege gehen, so empfiehlt sich ein **Abstecher nach Lindholmen und Eriksberg** 23. Beide Viertel liegen jenseits des Götaälvs auf dessen nördlicher Seite. Bis in die 1970er-Jahre hat sich in dieses Areal niemand nur zum Vergnügen begeben. Das industrielle Herz der Stadt schlug hier und die Schiffsbauindustrie hatte jeden einzelnen Quadratmeter in Beschlag genommen. Das Werftensterben erzwang einen kompletten Neuanfang, der aus heutiger Sicht absolut gelungen scheint. Funktionale Wohnbebauung in Eriksberg, manchmal unterbrochen durch erstklassig restaurierte Industriearchitektur, machte das ehemals verpönte Viertel zu einem beliebten Wohngebiet. Als Besucher fährt man am einfachsten mit den Älvsnabben-Fähren (s. S. 127) über den Fluss nach Eriksberg und flaniert an der hölzernen Mole entlang. Interessant ist auch der Werdegang von Lindholmen: Aus Eisen, Stahl und schwerem Gerät wurden in wenigen Jahren Pipette, Mikroskop und IT-Technologie und aus der Lindholmen-Werft der Lindholmer Science Park.

Vorseite: An der Klippans ångbåtsbrygga – dem Klippan Dampfschiffanleger – liegen historische Windjammer

Göteborg an einem Wochenende

Auch wenn man Göteborg an einem Wochenende nicht komplett und allumfassend erkunden kann, so sind zwei bis drei Tage doch ausreichend, um sich einen allgemeinen Überblick zu verschaffen und Stadt und Bewohner kennenzulernen. Dank der komprimierten Struktur mit einem klassischen Innenstadtkern ist das Gros der Sehenswürdigkeiten auch gut per pedes zu erkunden.

1. Tag

Um sich einen ersten Ein- und Überblick zu verschaffen, empfiehlt es sich, dem **Stadtspaziergang** (s. S. 13) zu folgen, der viele Facetten des Göteborger Großstadtlebens, der Geschichte, aber auch der Kunst und Kultur der Gegenwart anreißt.

Göteborg ist die größte Hafenstadt Schwedens. Was liegt da näher, als die Stadt vom Wasser aus zu erkunden. Die flachen **Paddan-Boote** (s. S. 20) durchkreuzen dabei die alten Kanäle und rechts und links gibt es viel zu sehen. Oder man nimmt die **Flußfähre Älvsnabben** (s. S. 127), erkundet die Uferbereiche des Götaälvs und kommt dabei manchmal den gigantischen Stena-Fähren ganz nah.

Und wer es museal und maritim mag, der sollte auf keinen Fall das schwimmende Museum **Maritiman** ③ mit den vielen Schiffsexponaten aus längst vergangenen Dekaden verpassen. Freunde der großen Künste, egal ob zeitgenössisch oder klassisch, machen sich auf den Weg zum **Götaplatsen:** Im **Konstmuseum** (s. S. 47) und in der **Konsthall** (s. S. 47) kommen beide auf ihre Kosten – jedoch auf keinen Fall, ohne vorher auf der **Kungsportsavnyn** ⑭ eine Pause zur Auffüllung des Koffeintanks einzulegen.

Wollen Kinder und Erwachsene gleichermaßen unterhalten werden, lohnt sich ein Besuch des **Vergnügungsparks Liseberg** ⑪ oder des musealen Abenteuerspielplatzes **Universeum** ⑫. Bei beiden Attraktionen kann man auch erstklassig den großen Hunger stillen.

Die Abendgestaltung in der „halben" Millionenmetropole kann vielseitig angegangen werden: eher alternativ im Viertel Haga oder – man befindet sich ja gerade am Wasser – in den Speisetempeln River (s. S. 57) oder dem Sjömagasinet (s. S. 61), die beide tolle Blicke auf den Göta-Fluss garantieren.

007gb Abb.: ld

⊡ *Wenn man den empfohlenen Stadtspaziergang (s. S. 13) unternimmt, kommt man an der Oper ② vorbei*

009gb Abb.: ld

2. Tag: das maritime Göteborg

Vormittags

Mit den Straßenbahnlinien 3, 9 oder 11 geht es Richtung Südwesten bis zur Haltestelle Stigbergstorget. Dort thront auf einem Hügel die **Masthugget-Kirche** 20, die durch ihr schlichtes Interieur und die tolle Lage beeindruckt. Unterhalb des Hügels wartet das **Seefahrtsmuseum** (s. S. 48) auf Besucher und führt sie mit einer Vielzahl von Exponaten in die maritime Geschichte Göteborgs ein. Spektakulär ist auch der riesige Turm mit der trauernden Seemannsfrau vor dem Museum. Mit den Linien 3 oder 9 erreicht man die Halte-

Der historische Bootshafen im Viertel Klippan 21

EXTRATIPP

Göteborg City Card

Ein ausgesprochen attraktives Angebot für neugierige und aktive Besucher der Stadt stellt die **Göteborg City Card** dar, die für 24, 48 oder 72 Stunden angeboten wird. Mit dem Pass kann man die bedeutendsten Museen der Stadt besuchen, Bootsausflüge mit den Paddan-Booten (s. S. 20) oder zur Festung Nya Elfsborg 24 erleben, eine Stadtrundfahrt mit dem Bus absolvieren, die öffentlichen Verkehrsmittel nutzen – bis man sich schon fast selbst wie ein Straßenbahnfahrer fühlt – oder einfach mal den Vergnügungspark Liseberg 11 besuchen (die einzelnen Karussells kosten jedoch extra!). Alle diese **Attraktionen und Fahrmöglichkeiten sind für den Passbesitzer kostenfrei!**

Kurz und gut: Nutzt man alle inkludierten Attraktionen des Göteborg-Passes, kann man über 1500 Skr sparen, wie einem das Fremdenverkehrsamt gerne vorrechnet. Genaue Infos über alle Vergünstigungen erhält man im Touristenbyrå am Kungsportsplatsen (s. S. 101), dort kann man die Karte auch erstehen (ebenso wie in ausgewählten Hotels und Unterkünften) oder unter www.goteborg.com.

Die City Card kostet für Erwachsene 375/525/675 Skr (24/48/72 Stunden), für Kinder von 5 bis 16 Jahren 245/345/435 Skr. Interressant ist auch die Möglichkeit, **den 24-Stunden-Pass auf zwei Tage zu verteilen.** Beginnt man sein Besichtigungsprogramm um 14 Uhr am ersten Tag, so kann man den Pass bis 13.59 Uhr am drauffolgenden Tag nutzen. Die Uhr beginnt also ab dem Zeitpunkt der Benutzung des Passes 24, 48 bzw. 72 Stunden rückwärts zu laufen.

Achtung: In der Nebensaison vom 1.10. bis 30.4. ist nur die 48-Stunden-Karte für 335 Skr (Kinder 255 Skr) erhältlich.

stelle Vagnhallen Majorna. Zu Fuß geht es von hier zum Stadtviertel **Klippan** 21, einem ehemaligen Industrieviertel am Ufer des Götaälvs. Heute besticht das Areal durch einen historischen Bootshafen, kulinarische Angebote wie das Fischrestaurant „Sjömagasinet" (s. S. 61) oder das Kulturzentrum „Röda Sten" (s. S. 49).

Nachmittags

An der Haltstelle Kungsten, dem Endpunkt der Linie 9, kann man in die Straßenbahnen der Linie 11 wechseln und bis nach Saltholmen fahren. Der Hafen von Saltholmen stellt das Sprungbrett in den Schärengarten dar. Diverse Fähren durchkreuzen die vielfältige Welt des **südlichen Schärengartens** 25. Man kann sich hier im wahrsten Sinne des Wortes gut treiben und die Seele baumeln lassen. Auf den Inseln, egal welche man für seine Exkursion erwählt, gibt es kleine Restaurants oder Imbisslokale, die das leibliche Wohl sicherstellen. Schöne Spaziergänge oder ein Bad in der Nordsee runden das Inselerlebnis ab. Das sollte man wirklich nicht verpassen!

Abends

Eine Überdosis an frischer Seeluft macht bekanntlich hungrig. In der Linnégatan [L7/8] locken diverse Restaurants mit köstlichen Speisen: Handfestere Nahrung gibt es in Karlson's Garage & Bar (s. S. 56), feiner geht es in und auf der Linnéterrasse(ר) (s. S. 56) zu.

008gb Abb.: ld

Ruhe genießen und Natur tanken – einmalig im Schärengarten 25

010gb Abb.: ld

Die nächtliche Stimmung an den Kanälen Göteborgs sollte man nicht verpassen

Das gibt es nur in Göteborg

- *In der Stora Nygatan [M4], direkt am Vallgraven, haben sich die* ***Stadtplaner einen kuriosen Fehler erlaubt****, den man eher in Schilda – der fiktiven Heimat der Schildbürger – denn in Göteborg vermuten würde. Die Bebauung begann man Mitte des 19. Jahrhunderts von beiden Enden der Straße aus und so näherten sich die Häuser langsam in der Mitte der Straße an. Doch plötzlich stellte man überrascht fest, dass nur noch eine Hausnummer unvergeben war, aber dort noch zwei Häuser gebaut wurden. Mit einer „brillanten" Idee löste man dieses Problem: Es wurde einfach die Nummer 17 ½ vergeben.*
- *Eine außergewöhnliche und nur in Westschweden und Göteborg zu findende Köstlichkeit ist der* ***„Halv Special"*** *bzw.* ***„Hel Special"****. Aus der Welt der Göteborger Schnellimbisse ist dieses Gericht nicht mehr wegzudenken. Die Kombination von Hotdog im Brot gekrönt mit Kartoffelbrei, Senf und Ketchup sieht auf den ersten Blick nicht sonderlich appetitlich aus, schmeckt aber dann doch deutlich besser, als der Anblick vermuten lässt. Der „Halv Special" unterscheidet sich vom „Hel Special" nur duch die Anzahl der Würste: Im Ersten findet man unter dem Kartoffelpüree nur eine Knackwurst, während der etwas teurere „Hel Special" mit zweien aufwartet. Der Vasagrillen* *(s. S. 62)* *am gleichnamigen Platz bietet die beiden Special-Varianten auch noch tief in der Nacht an.*
- ***Für Frühaufsteher*** *gibt es einen besonderen Tipp! Von Montag bis Freitag findet jeden Morgen ab 6.30 Uhr (montags erst ab 7 Uhr) im* ***Fischereihafen eine klassische Auktion*** *statt. Im Gegensatz zum Hamburger Fischmarkt, der sich ja nur an Besucher und Touristen richtet, trifft sich in Göteborg ausgewiesenes Fachpublikum, das beruflich mit Fischen handelt. Die Touristen werden jedoch geduldet, sofern sie nicht im Weg stehen und die Händler behindern. Info-Telefon unter 031 420085 oder unter www.gfa.se*

071gb Abb.: ld

Stadtspaziergang

Nach dem Frühstück im Hotel – in den meisten Unterkünften der Stadt ist die erste Mahlzeit des Tages im Zimmerpreis eingeschlossen – besucht man den kleinen Jachthafen Lilla Bommen [K/L3], der im Norden der Innenstadt genau am Götafluss liegt. Neben den Jachten und Bötchen liegt seit vielen Jahren der Großsegler **Barken Viking** (s. S. 120) fest vertäut. Einen Steinwurf von der Viking entfernt, ragt eins der wenigen Hochhäuser der Stadt in den Himmel: **Götheborgs Utkiken** ❶ ist das weiß-rote Gebäude, von dessen verglaster Plattform in fast 90 m Höhe man einen sehr schönen Ausblick hat. Hier kann man sich gut orientieren, gewinnt einen Überblick über die Stadtstruktur und sieht das faszinierende Zusammenspiel von Wasser, Land und Himmel, das so prägend für die Stadt ist. Immer am Wasser entlang erreicht man den Hafen Lilla Bommen. Südwestlich erhebt sich seit 1994 das imposante **Operngebäude** ❷ des Göteborger Architekten Jan Izikowitz. Dem Kai flussabwärts folgend fallen einem sofort die vielen Schiffe auf, die scheinbar bunt durcheinandergewürfelt auf dem Götaälv vor sich hinschaukeln. Diese Schiffe stellen den Kern des Museums **Maritiman** ❸ dar. Dem Stora Hamnkanalen, dem großen Hafenkanal folgend, erheben sich die ehemalige Zentrale der schwedischen Ostindienkompanie – heute **Stadsmuseum** ❺ – und die **Deutsche Kirche** ❻ auf der linken Uferseite. Rund um den **Gustav Adolfs Torg** ❼ laden Imbisslokale und Restaurants zum Mittagessen ein.

◁ *Stadtplanung für Anfänger: die Stora Nygatan Nr. 17½*

Routenverlauf im Stadtplan

Der hier beschriebene Spaziergang ist mit einer farbigen Linie im Stadtplan eingezeichnet.

Gestärkt geht es die Östra Hamngatan Richtung Süden entlang. Am Kungsportsplatsen starten die **Paddan-Boote** (s. S. 20) zu einer Stadtrundfahrt auf dem Wasser. Am Bootsanleger vorbei über die Brücke geht es rechts, entlang des Rosenlundkanals, in den Kungsparken [L5], wo man sich ein wenig erholen und die Ruhe im Grünen genießen kann. Wechselt man am Parkende über die Brücke auf die rechte Kanalseite, trifft man auf die **Feskekörka** ❿ mit den berühmtesten Fischgeschäften der Stadt. Nach einer neuerlichen Kanalquerung kommt man über den Järntorget direkt in das historische **Stadtviertel Haga** ⓲. Die Hauptstraße Haga Nygata ist nur für die widerstandsfähigsten Asketen ohne eine Kaffeepause zu meistern. Mit Koffein in der Blutbahn ist der steile Aufstieg zur alten Festungsanlage **Skansen Kronan** ⓳ dann ein Kinderspiel. Schließlich geht's wieder Richtung Hagakyrkan ⓱. Der Vasagatan mit dem **Universitätshauptgebäude** ⓰ und dem **Röhsska Museet** (s. S. 48) folgend, erreicht man die **Kungsportsavenyn** ⓮. Am Ende des Prachtboulevards lockt der **Götaplatsen** ⓭ mit einem beeindruckenden Architekturensemble und dem zentralen Poseidonbrunnen.

In den **Restaurants und Kneipen der Avenyn** ⓮ findet sich von der Imbissbude bis zur Haute Cuisine für jeden Geschmack etwas. Und anschließend laden die vielen Klubs des Viertels zu Tanz und Getränk.

Nordstaden und Inom Vallgraven (Nordstadt und innerhalb des Wallgrabens)

Die beiden genannten Stadtviertel im nördlichen Innenstadtbereich stellen den Kern des historischen Göteborg dar. Dieser Teil wird schon rein städtebaulich vom Rest der Stadt getrennt: Halbkreisförmig begrenzt der ehemalige Befestigungsgraben im Süden und Osten das Herz der Stadt. Doch nicht nur Bauwerke aus der Gründerzeit bestimmen das Bild. Vielmehr ist es die Mischung aus aufwendig restaurierten Prachtbauten und den modernen und architektonisch ansprechenden Nachbargebäuden, die den Charme ausmacht. Ein guter Startpunkt für einen erkundenden Stadtrundgang stellt der Yacht- und Bootshafen Lilla Bommen [K/L3] im Norden dar. Nach Götaälv und den Kaianlagen steuert man dann am Stora Hamnkanalen (Großer Hafenkanal) entlang in Richtung historisches Stadtzentrum.

1 Götheborgs Utkiken ★★★ [L3]

Der „Läppstiftet" („Lippenstift") ist zu einem **Wahrzeichen** der Stadt Göteborg geworden. Während der Bauphase und auch noch nach Fertigstellung wurde das charakteristische rot-weiße Bauwerk nicht von allen Göteborgern geliebt. Eins ist aber unbestritten: Von der Aussichtsplattform in 86 m Höhe hat man einen exquisiten Blick über die gesamte Stadt und bei klarem Wetter kann man sogar bis zum Schärengarten schauen. Der Eingang zum Fahrstuhl befindet sich an der östlichen Seite des Gebäudes.

› Lilla Bommen 1, Tel. 031 156147, Eintritt: 40 Skr, Kinder von 5 bis 15 Jahren 20 Skr (mit der Göteborg City Card kostenlos), geöffnet: 1. Juli–12. August tägl. 10–16, Rest des Jahres: tägl. 11–16 Uhr. In der Hauptsaion fährt der Fahrstuhl mehrmals stündlich hinauf, in der Nebensaison immer zur vollen Stunde. Den Zeitpunkt der Fahrt nach unten bestimmt man jedoch selbst.

2 Göteborgs Operan ★ [K3]

Ein **architektonisch faszinierendes Gebäude** wurde 1994 offiziell eingeweiht: die Göteborger Oper. Bis dahin waren Opernaufführungen, Musicals oder Ballettproduktionen im Stora Teatern auf der Avenyn zu sehen ge-

029gb Abb.: ld

› *Das Eingangsportal der Göteborger Oper* 2

wesen. Dem Architekten Jan Izikowitz ist dabei ein Bauwerk gelungen, bei dem er sich – so O-Ton – von anderen Openhäusern weltweit, aber auch von der Lage am Wasser, den Frachtern und Fähren, den Brücken und Kränen der Stadt hat inspirieren lassen.

Und 15 Jahre nach der Einweihung der Oper kam es 2009 auch schon zur ersten Renovierung, bei der insbesondere die Bühnentechnik auf den Stand des 21. Jahrhunderts gebracht wurde. Auch die Zahlen sprechen für sich: über 28.000 Quadratmeter, 1117 Räume, 1200 Angestellte und zwei Konzertsäle, wobei der größere 1300 Zuschauern Platz bietet. Übers Jahr verteilt finden hier ca. 270 Vorstellungen statt, aber **auch für Opernmuffel** ist allein der Besuch des Bauwerkes lohnenswert.

› Christina Nilssons Gata, Tel. 031 108000, Kartenvorverkauf: Tel. 031 131300, www.opera.se, Eintritt: Ticketpreise sehr unterschiedlich, siehe Website

3 Maritiman ★★★ [K4]

Die direkte Lage am Meer, der beeindruckende Hafen, die Verschiffung von Waren, Gütern und Passagieren und die allgegenwärtige Präsenz von Frachtern, Tankern, Fähren, Barkassen und sonstigen seegängigen Fahrzeugen jeglicher Couleur bestimmen das Bild und den Charakter Göteborgs maßgeblich. Was liegt also näher, als diesen Schiffen ein Denkmal in Museumsform zu setzen?

Das Maritiman ist ein wirklich außergewöhnliches Museum, das nicht nur für erfahrene Seebären von Interesse ist. **Dreizehn maritime Gefährte** liegen fest vertäut am Kai, untereinander verbunden mit Brücken und Stegen, und können vom

028gb Abb.: ld

neugierigen Besucher erklommen werden. Wer schon immer einmal das Deck eines Zerstörers – auf schwedisch heißt diese Schiffsklasse „Jäger“ – erkunden wollte, kann das auf der „Småland“ realisieren. Aber auch das Innenleben des ausrangierten Kriegsschiffs kann in Augenschein genommen werden: Wie schlafen die Matrosen? Wo arbeitet der Smutje und wie sieht die Kommandobrücke aus? All dies und noch vielmehr wird beantwortet.

Neben dem militärischen Teil des **schwimmenden Museums**, es gibt auch noch ein Schnellboot und ein

Auf dem Segelschiff Barken Viking (s. S. 120) kann man auch übernachten

U-Boot zu besichtigen, kommt aber auch die zivile Seefahrt nicht zu kurz: Feuerschiffe, Schlepper und diverse Frachter ergänzen das museale Angebot. In der angeschlossenen Cafeteria kann man die gewonnenen Eindrücke bei Kaffee und Kuchen sacken lassen.

› Packhusplatsen 12 (direkt hinter der Oper), www.maritiman.se, Tel. 031 105950, Eintritt: 120 Skr, Kinder von 5 bis 15 Jahre 70 Skr, Familienkarte (2 Erw. und 2 Kinder): 350 Skr, geöffnet: April Sa.–So. 11–16, Mai/September tägl. 11–17, Juni–August tägl. 10–18 Uhr, Rest des Jahres geschlossen (Ausnahme: die schwedischen Herbstferien Ende Oktober, dann tägl. 11–16 Uhr)

4 Kronhuset und Kronhusbodarna ★★ [K4]

Das Kronhuset ist das **älteste existierende Profanbauwerk** der Stadt. Das im holländischen Stil errichtete Hauptgebäude diente hauptsächlich als Lager für die lokale Armeegarnison. 1660 war das Gebäude Schauplatz eines äußerst gewichtigen Reichstagstreffens, das von König Karl X. Gustav einberufen worden war. Während des Treffens, das sich über mehrere Wochen erstreckte, verstarb der König, nur wenige Tage später wurde sein Sohn, damals lediglich vier Jahre alt, in Göteborg zum neuen Staatsoberhaupt ausgerufen: Karl XI. Im Hauptgebäude finden oft Konzerte statt (Schwerpunkt Blasmusik). Auf dem Areal liegen auch die Kronhusbodarna, kleine gelbliche Gebäude, in denen Kunsthandwerker und semihistorische Manufakturen ihre Schaffenskunst feilbieten. Ein angegliedertes Café lädt zum Verschnaufen ein.

› Postgatan 6–8, Mo.–Fr. 10–17, Sa. 11–14 Uhr

5 Göteborgs Stadsmuseum ★ [K4]

Allein schon das Gebäude, in dem sich das Göteborger **Stadtmuseum** befindet, ist einen Besuch wert: Seit Mitte des 18. Jahrhunderts war der Bau die Zentrale der mächtigsten und einflussreichsten Unternehmung Göteborgs. Die **Geschicke der Ostindischen Kompanie** wurden von hier gesteuert und für einige Jahrzehnte schafften die hauptsächlich aus China zurückkehrenden Segelschiffe einen ungemeinen Reichtum und Wohlstand. Dieses Geld wirkte wie ein Katalysator auf die Stadtentwicklung und Göteborg wurde zur schwedischen Boomtown des 18. Jahrhunderts. Um 1800 verschlechterte sich die Ertragslage jedoch massiv, sodass die Ostindienkompanie 1813 aufgelöst wurde.

Seit 1861 ist hier das Göteborger Stadtmuseum beheimatet. Neben der Ostindischen Kompanie werden im Museum auch andere, zumeist historische Themen unter die Lupe genommen. Dabei reicht das Spektrum von den Wikingern bis hin zum industriellen Göteborg des 20. Jahrhunderts Wechselnde Ausstellungen wie z. B. „Göteborgs Popmusik von 1955 bis heute“, die bis Anfang 2018 präsentiert wird.

› Norra Hamngatan 12, Tel. 031 3683600, http://goteborgsstadsmuseum.se, Eintritt: 40 Skr (auch hier gilt die 40-Skr-Jahreskarte, s. S. 48), unter 25 Jahren kostenlos, Di.–So. 10–17, Mi. 10–20 Uhr

Das Stadtwappen weht über dem Gustav-Adolf-Platz 7

6 Christinae Kyrkan oder Tyska Kyrkan (Deutsche Kirche) ★ [L4]

Parallel zur Verleihung der Stadtrechte im 17. Jahrhundert beschloss man auch – nicht zuletzt wegen der großen Anzahl deutscher und niederländischer Bewohner Göteborgs – eine **Kirche für diese Immigranten** zu bauen. Nach zwei verheerenden Bränden wurde die Kirche, benannt nach Christina, der Tochter Gustav Adolfs II., 1783 wiederhergestellt. Noch heute wird der Pfarrer von der Deutschen Evangelischen Kirche für sechs Jahre nach Göteborg entsandt, um den ca. 1000 Gemeindemitgliedern moralisch religiösen Beistand zu leisten.

› Norra Hamngatan 16, Di.–Fr. 12–16, Sa. 11–15, So. 10–14 Uhr, Tel. 031 7316195, www.svenskakyrkan.se/tyska, sonntäglicher Gottesdienst auf Deutsch um 11 Uhr

7 Gustav Adolfs Torg (Gustav-Adolf-Platz) ★★★ [L4]

Der ehemalige „Große Platz" ist schon seit Jahrhunderten das klassische Stadtzentrum, der Kristallisationspunkt der Innenstadt, die „gute Stube" Göteborgs mit den wichtigen repräsentativen Gebäuden: Gericht, Rathaus und ehemalige Börse.

An **der westlichen Seite des Platzes** befindet sich das ehemalige Rathaus der Stadt, in dem heute das *Tingsrätt* Amtsgericht seine Urteile spricht. Das Bauwerk wurde von Nicodemus Tessin d. Ä., der auch das königliche Schloss Drottningholm in der Nähe von Stockholm errichtet hat, in den 1670er-Jahren gebaut. An der nördlichen Platzseite schließen sich das Stadshuset und die ehemalige Börse an, die heute beide von der Stadtverwaltung genutzt werden.

Von der Fassade der Börse herab – von innen bekommen sie nur besondere Gäste der Stadt Göteborg zu sehen – „blicken" sechs Skulpturen auf das bunte Treiben. Die Statuen symbolisieren – von links nach rechts: Fleiß, Glück (später in Frieden umgetauft) Handel, Seefahrt, Reichtum und Industrie. Der Gründer der Stadt prangt stolz in der Mitte des Platzes auf einem hohen Sockel: Gustav II. Adolf. Die **Errichtung des Denkmals** vor ca. 150 Jahren sollte sich jedoch schwieriger gestalten, als die Stadtväter sich das gedacht hatten. Der Auftrag für den Guss des Standbilds ging an eine italienische Firma in Rom. Deren Bronzelegierung war jedoch von so schlechter Qualität, dass der Guss fehlschlug. Ein erneuter Auftrag wurde anschließend an eine Münche-

030gb Abb.: ld

Gustav II. Adolf – ein König macht Schweden zur europäischen Großmacht

In der Geschichte eines jeden Landes gibt es entscheidende Weichensteller, ohne die historische Entwicklungen in eine andere Richtung gelaufen wären – positiv oder auch negativ. Als im Dezember 1594 Gustav Adolf das Licht der Welt erblickte, gab es eine durchaus große Wahrscheinlichkeit, dass er einmal den schwedischen Thron besteigen würde: Sein Vater war der jüngste Sohn Gustav Wasas, dem Begründer des unabhängigen schwedischen Nationalstaates. Und diese Wahrscheinlichkeit sollte bereits – schneller als erwartet – 1611 eintreten. ***Mit 17 Jahren bestieg er als Gustav II. Adolf den Thron.***

Sein Amtsantritt hätte kaum komplizierter sein können, da er von seinem Vater gleich drei Kriege geerbt hatte (gegen Russland, Dänemark und Polen). In den erbitterten Kämpfen gegen die übermächtigen dänischen Söldnerheere verdiente er sich die ersten militärischen Meriten als Feldherr. So kam es zwar zu einem für Schweden nachteiligen Friedensvertrag, aber eine offene militärische Niederlage konnte abgewendet werden. Die Außenpolitik des jungen Königs war durchaus ***kriegerisch und ausgesprochen expansiv*** *angelegt. Die Hauptmaxime, die sich wie ein roter Faden durch seine Regentschaft zog, war die angestrebte Hegemonie über Nord-Osteuropa und somit das Ziel, die Ostsee zu einem schwedischen Binnenmeer zu machen. Innerhalb weniger Jahre hatte er dieses Ziel erreicht und die Hauptkontrahenten Russland und Polen besiegt. So war nun der Rücken frei und Gustav Adolf konnte sich mit protestantischem Missionarseifer in den in Mitteleuropa tobenden Krieg, der als 30-jähriger in die Geschichtsbücher Eingang fand, einmischen.*

Dies geschah mit großem Erfolg und nur zwei Jahre nachdem er mit seinen Truppen 1630 bei Rügen gelandet war, die katholischen Heerführer Wallenstein und Tilly fast in die Verzweiflung getrieben hatte, stand seine Armee bereits tief in Böhmen und Bayern. Im November 1632 kam es bei Lützen (im

ner Firma vergeben und das Resultat konnte sich sehen lassen. Über die Nordsee wurde die Statue gen Göteborg verschifft, jedoch auch dieser Versuch stand unter keinem guten Stern: Das Schiff versank im Meer. Es konnte jedoch geborgen werden. Die erfolgreichen Finder verlangten von Göteborg jedoch eine so hohe Bergungssumme, dass man sich entschloss, ein drittes Standbild anfertigen zu lassen, da dies preiswerter war. Dieser dritte Versuch gelangte schließlich unbeschadet nach Göteborg und nach neun Jahren blickte der Stadtgründer Gustav Adolf 1854 schlussendlich über „seine" Stadt.

8 Domkyrkan (Dom) ★ [L5]

Seit 1633 ist die aktuelle Kirche bereits die dritte, die an dieser Stelle errichtet wurde. Die erste wurde in Erinnerung an den kurz zuvor in der Schlacht bei Lützen gefallenen schwedischen König Gustav II. Adolf

heutigen Sachsen-Anhalt gelegen) zu einer der Großschlachten des 30-jährigen Krieges. Der Ausgang der Schlacht – beide Seiten reklamierten den Sieg für sich – war im Nachhinein nur von untergeordneter Bedeutung und wurde von einem Ereignis überlagert. Während des Gefechts wurde Gustav Adolf ***tödlich von Kugeln getroffen*** *und stürzte von seinem Pferd „Streiff". Der tote König wurde anschließend nach Schweden überführt und in der Stockholmer Riddarholms-Kirche beigesetzt.*

Sein Vermächtnis – neben der Etablierung Schwedens als europäische Großmacht für fast 100 Jahre – war auch eine Modernisierung des schwedischen Staatswesens. Neben militärischen Reformen und der Einführung eines stehenden Heeres zentralisierte er die Verwaltungsstrukturen und sorgte für den Aufbau einer neuen Rechtsordnung und der Errichtung von Gerichtshöfen, die bis heute in Schweden Bestand haben. Und sein treues Pferd „Streiff" kann man noch heute ausgestopft in der Rüstungskammer des königlichen Schlosses in Stockholm bestaunen.

als „Gustavi Domkyrka" eingeweiht. Zwei Stadtbrände und die entsprechenden Wiederaufbauten später wurde das aktuelle Bauwerk 1825 inklusive Turm fertiggestellt und 1827 mit einer pompösen Feier eingeweiht. Da das Kirchenareal auch immer Friedhof gewesen war, schätzt man, dass ca. 23.000 Menschen über die Jahrhunderte bis heute dort begraben worden sind. In den 1980er-Jahren wurde der Dom von außen und innen im klassizistischen Stil renoviert.

031gb Abb.: ld

⌃ *Der Dom zu Göteborg* 8

› Västra Hamngatan, Tel. 031 7316130, www.svenskakyrkan.se/gbgdomkyrko, Mo.–Fr. 10–18.30, Sa./So. 10–16 Uhr

9 Große Markthalle (Stora Saluhallen) ★★ [L5]

„Die kulinarische Welt vereint unter einem Dach", so oder ähnlich könnte ein Werbeslogan für die Stora Saluhallen im Zentrum der Stadt lauten. Über 40 Verkaufsstände, Restaurants, Delikatessenläden oder urige Lebensmittelmanufakturen tummeln sich hier unter einem Dach.

Von außen erinnert das Gebäude etwas an einen deutschen Großstadtbahnhof mit seiner Dachkonstruktion aus Stahl und Glas. Und so ist es auch kein Zufall, dass die Markthalle, seit 1985 offiziell unter Denkmalschutz stehend, in der gleichen Epoche wie die meisten deutschen Bahnhöfe gebaut wurde: Seit 1889 werden

EXTRATIPP

Einmaliges Erlebnis: Fahrt mit dem Paddan-Boot

Eine Fahrt mit den flachen Paddan-Booten durch die Kanäle und den Hafen der Stadt ist seit über 70 Jahren ein touristisches „Muss"! Die Perspektive vom Wasser aus ist einmalig und bei trockenem Wetter – wegen der niedrigen Brücken haben die Boote kein Dach – ein interessantes Unterfangen.

Als im Jahr 1939 das erste „Krötenboot" durch die Kanäle Göteborgs schipperte, konnte niemand den riesigen Erfolg der einfachen Ausflugsboote vorausahnen. Es begann damals mit einem Boot mit zwölf Sitzplätzen, heute finden bis zu 99 Gäste Platz an Bord. Besonders schön bei den Rundfahrten ist einerseits der Kommentar, vorne am Bug sitzt immer ein Fremdenführer und erklärt das Sehenswerte auf Schwedisch, Englisch oder Deutsch (vorher informieren!), und andererseits das interaktive Element der Passagiere: Da **einige Brücken ausgesprochen niedrig** sind – die bekannteste ist der „Käsehobel" –, sind die Passagiere, so denn ihnen ihr Haupt lieb und teuer ist, gezwungen, vor einigen Brücken ihren Sitzplatz zu verlassen und auf dem Schiffsboden niederzukauern. Trotz leuchtend bunter Warnmarkierungen unter der Stora Bommens Bro, wie der Käsehobel offiziell heißt, stoßen sich jedes Jahr doch immer wieder ein bis zwei Passagiere den Kopf. Und kein Schädel ist so hart wie Schwedenstahl! Im Winter gibt es Sonderfahrten, zumeist zum Weihnachtsmarkt im Vergnügungspark Liseberg ⓫, bei dem die Mitfahrer eine „Paddan-Decke" zum äußerlichen und einen typisch schwedischen „Glögg" („Glühwein") zum innerlichen Wärmen erhalten.

●1 [L5] **An- und Ablegestelle Paddan-Boote,** am Kungsportsplatsen direkt am Vallgraven-Kanal, Tel. 031 609670, www.stromma.se/sv/Goteborg/Sightseeing/Batsightseeing/Rundtur-Paddan, Erwachsene: 170 Skr (Kinder von 6 bis 15 Jahren 85 Skr, Familienkarte 2 Erw. u. 2 Kinder 440 Skr), Fahrtdauer ca. 50 Min., Saison: Ende März–Mitte Okt. Für winterliche Sonderfahrten bitte im Internet oder direkt vor Ort informieren.

032gb Abb.: ld

hier ausschließlich Lebensmittel an den Endverbraucher verkauft. Über die Jahre hat sich das Angebot den Zeitläufen angepasst und das Spektrum reicht von exotischen Gewürzen über nordische Fisch- und arabische Fleischspezialitäten bis hin zu schwedischen Käseklassikern. Besonders in der Mittagszeit ist die Saluhallen sehr gut besucht: Für wenig Geld kann man hier köstliche Tagesgerichte verzehren und die in der Nachbarschaft Arbeitenden lassen sich nicht zweimal bitten. Im Sommer gibt es auch die Möglichkeit, an Tischen vor der Halle zu sitzen und an Marktständen Obst, Gemüse oder auch Blumen zu erstehen.

› Kungstorget, http://storasaluhallen.se, Mo.–Fr. 9–18, Sa. 9–16 Uhr

10 Feskekörka (Fischkirche) ★★★ [K6]

Die Bedeutung des Fischfangs für die Stadt Göteborg hat in den letzten Jahren sicherlich abgenommen. Doch das war nicht immer so: Bereits 1644 existierte auf dem heutigen Lilla Torget ein für die Versorgung der Bevölkerung ungemein wichtiger Fischmarkt. Über die Jahrhunderte wurde der größte Fischmarkt der schwedischen Westküste mehrfach verlegt. Erst seit 1849 befindet er sich in der Rosenlundsgatan.

Der Besuch der Feskekörka ist nicht nur für Freunde der Meeresfrüchte, sondern für alle Göteborgbesucher ein Muss. Seit 1874 wird hier die Ausbeute der Fischer fangfrisch an den Endkunden gebracht. Hygienische Gründe und – so wird es gerne von den lokalen Stadtführern erzählt – die Beschwerden der im Winter frierenden Fischersfrauen sorgten erstmalig für ein massives, winterfestes Bauwerk zum Fischverkauf. Dabei ist das Ambiente der Feskekörka, der Fischkirche, wie sie schnell im Volksmund getauft wurde, einmalig. Der Offizier und Architekt Victor von Gegerfelt hat mit seinem Entwurf eine baulich **ausgesprochen ungewöhnliche Markthalle** geschaffen: Wo sonst in der Welt kann man in quasi religiöser Atmosphäre Fische, Krabben oder Muscheln erstehen?

› Rosenlundsvägen, www.feskekörka.se, Di.–Fr. 10–18, Sa. 10–15 Uhr

033gb Abb.: ld

⌃ *Die Fischkirche 10 ist eines der markantesten Bauwerke der Stadt*

‹ *Nicht nur auf hungrige Mägen hat die Stora Saluhallen 9 eine magnetische Anziehungskraft*

Außerhalb des Wallgrabens

Sehenswert sind auch die Viertel Lorensberg, Vasastaden, Haga und Masthugget. Genau südlich des alten Wassergrabens schließt sich heute mit dem Trägårdsforeningenspark und dem Kungsparken eine Oase und zugleich grüne Lunge an. Hier ist der Ausgangspunkt der berühmtesten Verkehrsader der Stadt, der Kungsportsavenyn (14)*, im Volksmund nur kurz „Avenyn" genannt. Westlich davon trifft man in Lorensberg auf diverse Gebäude der Uni Göteborg* (16)*. Zwischen der Burg „Skansen Kronan"* (19) *und dem Rosenlundskanalen schmiegt sich das hölzerne Stadtviertel Haga* (18) *an den Festungshügel.*

(11) Vergnügungspark Liseberg ★★★ [P7]

In ganz Skandinavien gibt es – gewertet nach der Besucherzahl – keine größere Publikumsattraktion als den Vergnügungspark Liseberg. Jedes Jahr kommen ca. drei Millionen Besucher auf das Parkareal.

Bereits seit 1923 pilgern nicht nur die Göteborger nach Liseberg. Anfangs war der Park nur als einmalige Attraktion zum 300-jährigen Stadtjubiläum geplant, aber 800.000 Besucher innerhalb eines Monats ließen die Stadtväter umdenken und Liseberg zu einer festen Institution werden, die sich auch heute noch fest in der Hand der Stadt Göteborg befindet. Seit 2000 wird die Saison der vormalig reinen Sommerattraktion um das Winterspektakel „Weihnachten in Liseberg" erweitert. Dabei ist Liseberg **kein reiner Vergnügungspark** im klassischen Sinne. Neben den Fahrgeschäften, Achterbahnen (davon gibt es im Park gleich vier) und Verkaufsständen locken auch diverse Bühnen, Konzerte und eine eher traditionelle Parklandschaft den Besucher. Restaurants und Cafés runden das Angebot auch kulinarisch ab.

- Diverse Straßenbahnlinien fahren nach Liseberg und zur Haltestelle gleichen Namens, ab Innenstadt 6–8 Minuten, interessant auch die besondere „Lisebergslinien", bei der man mit historischen Straßenbahnen vom Hauptbahnhof direkt zum Park befördert wird (25 Skr).
- Örgrytevägen 5, www.liseberg.se, Tel. 031 400100, Eintritt nur für den Parkbesuch 95 Skr (unter 110 cm gratis), Pass zur Benutzung aller Attraktionen 355 Skr, Spezialpass für 21 kindgerechte Fahrgeschäfte 235 Skr (Einzeltickets für Karussells auch möglich); Saison: Ende Apr. bis Anfang Okt., „Weihnachten in Liseberg" ab Mitte Nov.

(12) Universeum ★★ [O7]

Das Universeum ist nach klassischen Mustern nur sehr schwer zu kategorisieren: Es ist sowohl Zoo wie auch Botanischer Garten, wie auch Laboratorium, wie auch Wissenschaftscenter ... und irgendwie auch ein Museum. Auf sieben Etagen kann man hier die Welt für sich neu entdecken und **spannende bis ungewöhnliche Dinge erleben.** Eine riesige Glashalle beherbergt eine beeindruckende Nachbildung des tropischen Regenwalds: Dort spaziert man durch das feuchtheiße Grün und kann sich z. B. vor haarigen Vogelspinnen ekeln und neugeborene Anakondas bestaunen. Wem der Dschungel nicht gefällt, der fliegt eben in den Weltraum oder besucht im Aquarium die Haie. Auch für Erwachsene gibt es viel zu entdecken und das Universeum ist nicht nur Kindern einen Besuch wert. An einem regnerischen Tag der perfekte, weil überdachte, Zeitvertreib.

› Straßenbahnlinien 2, 4, 5, 6, 8 und 13 bis zur Haltestelle Korsvägen
› Södra Vägen 50, Tel. 031 3356450, www.universeum.se (Seite auch auf Deutsch), tägl. 10–18 (im Sommer bis 20 Uhr), Erwachsene 180 Skr, Kinder 3–16 Jahre 125 Skr, Familie (2 Erw. und bis zu 3 Kinder) 575 Skr.

13 Götaplatsen ★★★ [N6]

In einem Göteborg Reiseführer aus dem Jahr 1920 hätte man diesen Eintrag nicht finden können, da vor über 90 Jahren dieser Teil der Stadt noch sehr agrarisch geprägt war und sich die „Kühe" hier gute Nacht sagten. Aber das 300-jährige Stadtgründungsjubiläum rückte näher und die Stadtväter wollten Göteborg urbaner präsentieren und mit einem zentralen, repräsentativen Platz aufwerten: der heutige Götaplatz am südlichen Ende der Kungsportsavenyn **14**.

Und dieser repräsentative Platz ist ihnen auch wirklich gelungen. Bei der Einweihung des Platzes im Jahr 1923 standen jedoch vorerst nur zwei Gebäude: das Konstmuseum (s. S. 47) und die Konsthall (s. S. 47). Der zentrale Brunnen existierte nur in der Vorstellung der Planer. Real war zu dem Zeitpunkt nur eine hölzerne Brunnenimitation, da über den endgültigen Brunnen noch nicht entschieden war. 1931 schließlich wurde der **imposante Poseidonbrunnen** feierlich auf dem Platz eingeweiht. Grundsätzlich war den Göteborgern der griechische Gott Poseidon als Herrscher der Meere gerade recht, sie sahen sich ja auch als eine Größe am Kattegat, aber warum musste der Bildhauer Carl Milles die Statue so offensichtlich nackt modellieren, dass einem die Männlichkeit geradezu ins Auge sprang?!

Als 1934 und 1935 Stadsteater (s. S. 70) und Konserthuset (s. S. 69) das bauliche Ensemble am Götaplatsen vervollständigten, hatte sich die Aufmerksamkeit um den nackten Meeresgott bereits wieder gelegt und heute rümpfen beim Anblick nicht einmal mehr Erstklässler ihre Nase. Vielmehr ist der Götaplatz mit dem zentralen Poseidonbrunnen jetzt eines der **Wahrzeichen der Stadt** und bei großen Ereignissen in Sport, Kultur oder Politik treffen sich die Göteborger, um zu feiern, zu huldigen oder auch ihren Unmut zu äußern. Besonders schön ist der Blick von den Stufen des Kunstmuseums hinab auf die Avenyn, wenn am Horizont die Sonne untergeht und der illuminierte Poseidon über die Stadt herrscht (auch wenn er dem Besucher von dieser Perspektive aus nur sein Hinterteil präsentiert).

› Götaplatsen (am südlichen Ende der Kungsportsavenyn)

14 Kungsportsavenyn ★★★ [N6]

Wenn die Pariser stolz auf ihre Champs-Élysées sind, so werfen sich die Göteborger in die Brust, wenn sie von ihrem Prachtboulevard, der Kungsportsavenyn, schwärmen. Die Avenyn, wie sie in Kurzform von den Einheimischen nur genannt wird, ist die bedeutendste Achse der Stadt und ein jeder Besucher sollte einmal auf ihr flaniert sein – sonst war man nicht wirklich in Göteborg.

Die Avenyn ist noch ein relativ junges Bauwerk und wurde von Göteborger Stadtplanern erst in den 1860er-Jahren aus der Taufe gehoben. Auf der Suche nach einer konzeptionellen Erweiterung der Stadt, insbesondere vom Kungsportsplatsen aus, kam man auf die Idee eines breiten Boulevards, der sich ca. einen Kilometer gen Südosten ziehen und in einem imposanten Platz – dem heutigen Götaplatsen 13 – seinen repräsentativen Abschluss finden sollte. Bei der Namensfindung für die **neue Innenstadtachse** gab es ein großes Hin und Her. Einigen sehr patriotisch gesonnenen Ratsherren gefiel der Begriff „Avenyn" nicht, da das „zu ausländisch" klänge. Über die Vorschläge „Gustav Adolfsgatan" und „Kungsportsgatan" kam man am Ende doch wieder, jedoch nur mit einer hauchdünnen Mehrheit, zum ursprünglichen und noch heute gültigen Namen zurück.

Heute ist die Avenyn **Flanierstraße, Einkaufsparadies und natürlich Ausgeh- und Feiermeile.** In Göteborg gibt es kein Stadtviertel mit einer größeren Café-, Kneipen-, Restaurant-, Bar- und Diskothekendichte wie auf der Avenyn und den umliegenden Straßen. Im Mai/Juni stürmen die frisch gebackenen Abiturienten mit ihren weißen Studentenmützen den Boulevard und pendeln tanzend, singend und trinkend zwischen Kungsportsplatsen und Götaplatsen. Aber auch bei sportlichen Großereignissen (und für die Schweden entsprechend positiven Ergebnissen) gleicht die Straße einem gelb-blauen Fahnenmeer. Demonstrationen und politische Kundgebungen haben ebenfalls eine Avenyn-Tradition, da hier ausreichend Platz ist und man natürlich auch die gewünschte Aufmerksamkeit erzeugen kann. Hier ist wirklich immer etwas los – deshalb auf keinen Fall entgehen lassen, die Kungsportsavenyn!

EXTRATIPP

Bältesspännarparken

Genau an der Avenyn, **gegenüber dem Stora Teatern** (s. S. 71) gelegen, gibt es einen kleinen Park, der zu einer Pause einlädt. Auf kleinen Bänken mit Blick auf den schlichten Springbrunnen kann man auch flugs sein Fresspaket, vielleicht vorher in der nahe gelegenen Saluhallen erstanden, öffnen und den Inhalt gemütlich dezimieren.

Der **Name der Grünfläche** bedeutet auf Deutsch so viel wie „Gürtelstrafferpark". Der ungewöhnliche Name hat seine Wurzeln tief in der grauen Vorzeit. In der nordischen Mythologie gab es einen Gerichtskampf, bei dem zwei Kontrahenten gegeneinander auf Leben und Tod kämpften. Der Sieger war dann – quasi einem Gottesurteil gleich – im Recht und der Unterlegene hatte unrecht (was ihm im Tod relativ egal sein konnte). Um ein Kampfergebnis zu erzwingen, wurden die beiden Widersacher mit einem Gürtel eng aneinander gebunden, sodass keiner fliehen und somit der göttlichen Rechtsprechung entkommen konnte. In späteren Jahrhunderten entstand aus dieser Rechtspraxis das Duell, das jedoch von staatlicher Seite zumeist nicht mehr sanktioniert wurde und deshalb mehr und mehr an Bedeutung verlor.

Mitten im Park findet man eine **Skulptur,** die genau den oben beschriebenen Kampf bildlich umzusetzen versucht und somit Patin des Parkes ist.

Das Palmenhaus im Trägårds Föreningens Park 15

15 Trädgårds Föreningens Park ★ [M5]

Göteborg ist eine quirlige, lebendige und manchmal auch etwas laute Großstadt. Ein **Rückzugstipp**, um dem ganzen Rummel zumindest temporär zu entfliehen, ist die großzügige Parkanlage der Trädgårds Förening (Gartenverein). Historische Gartengebäude, schöne Grünflächen, exotische Pflanzen, ungewöhnliche Skulpturen und Kunstwerke und natürlich das berühmte Palmenhaus – dem Londoner Chrystal Palace nachempfunden– mit diversen Palmen und Tropengewächsen bieten eine Ruheoase. Überregionale Anerkennung genießt auch das Rosarium - sogar im Michelin Guide mit Sternen bewertet –, auf das die Mitglieder des Gartenvereins mit Grund stolz sind, zählt man doch mehr als 2000 verschiedene Rosensorten. Ein kleines Café innerhalb des Parkareals bietet eine Gelegenheit für eine Großstadtpause.

› www.tradgardsforeningen.se, Tel. 031 3650000, Eintritt: frei, geöffnet: tägl. 7–18 Uhr (im Sommer bis 20 Uhr), Palmenhaus: tägl. 10–16 Uhr (im Sommer bis 20 Uhr)

16 Universität Göteborg (Göteborgs Universitet) ★ [M6]

Göteborgs Universität ist die drittälteste Hochschule Schwedens, obwohl sie erst in den 1890er-Jahren gegründet wurde. Nur Uppsala (1477) und Lund (1666) sind älter und haben eine schon allein historisch begründete Reputation, mit der Göteborg nicht mithalten kann. Trotzdem ist die Göteborger Uni mit 37.000 Studenten an acht Fakultäten **eine der größten Universitäten Skandinaviens**

034gb Abb.: ld

und bei Studienanfängern sehr populär. Da sie keine klassische Campus-Uni ist, sind die Gebäude über das gesamte Stadtgebiet verteilt, wobei jedoch ein Schwerpunkt in Vasastaden und Lorensberg zu finden ist.

Das universitäre **Hauptgebäude** steht seit Anfang des 20. Jh. an der Vasagatan. Stilistisch ähnelt es seinen Pendants in Uppsala und Lund, die man beim Bau sicherlich als Vorbild genommen hatte. Finanziert wurde das wuchtige Gebäude von einem der Gründerväter der Göteborger Uni: Oscar Ekman spendete 1901 den Betrag von 450.000 Skr, um den Bau realisieren zu können.

› Tel. 031 7860000, www.gu.se

17 Hagakyrkan (Haga Kirche) ★ [K6]

Bei der Fertigstellung der Haga Kirche im Jahr 1859 diente sie als Erweiterungsbau für die innerhalb des Wallgrabens gelegene Domkirche. An englische Vorbilder angelehnt war sie eine der ersten schwedischen Kirchen, die **im Stil der Neogotik** errichtet wurde. Erst mit der Gründung der Gemeinde Haga 1883 wurde sie zu einer eigenständigen Kirche, die der Gemeinde vorstand. Der Turm ragt 49 m in die Höhe und in dem 46 m langen und 16 m breiten Kirchengebäude finden 1000 Gläubige Platz.

› Södra Allégatan, Tel. 031 7316160, www.svenskakyrkan.se/haga, Mo., Mi. und Do. 11–15, Sa. 11–13 Uhr, Gottesdienste sonntags 11 Uhr, Straßenbahnlinien 1, 3, 6, 9 und 11, Haltestelle Hagakyrkan

Die urige Haga Nygata mit ihren vielen Cafés und Lokalen

18 Haga – das historische Stadtviertel ★★★ [J6]

Das Viertel rund um die Hauptstraße Haga Nygata ist das älteste, teilweise noch im Originalzustand erhaltene Quartier Göteborgs. Die Gründungsurkunde, damals noch von Königin Christina, der Tochter Gustav II. Adolf, unterzeichnet, ist datiert auf das Jahr 1647.

Schon bei der Gründung von Haga war das neue Stadtviertel nicht darauf angelegt zu glänzen und zu repräsentieren. Vielmehr sollte erstmalig außerhalb des Stadtgrabens eine **schlichte Wohnsiedlung** „für Fischer, Seemänner sowie andere Tagelöhner“ entstehen. Knapp 20 Jahre später zählte das junge Viertel bereits 200 Einwohner, die Wohnbedingungen waren selbst für die damalige Zeit sehr schlicht und spartanisch, aber für die Bewohner bezahlbar. Mitte des 19. Jahrhunderts, die Industrialisierung hatte auch an der schwedischen Westküste Fuß gefasst, kam es durch die Zuwanderung von Arbeitskräften zu einem Wohnungsmangel und in Haga wurden Unterkünfte für das schnell wachsende „Proletariat“ geschaffen. Der am Rande des Viertels gelegene Järntorget erhielt seinen heutigen Namen („Eisenplatz“), nachdem er zuvor noch „Bierhalteplatz“, in Anlehnung an die vielen Vergnügungsetablissements, geheißen hatte.

Die katastrophalen Wohnbedingungen ohne Sanitäranlagen führten in den 1960er-Jahren zu einem immensen Sanierungsdruck, dem die Stadt Göteborg nachkommen wollte, indem sie die Mehrzahl der Gebäude aufkaufte (ca. 80 % der Häuser wurden von der Kommune übernommen), um sie abreißen zu können.

035gb Abb.: ld

Zeitgleich bildeten sich Interessengruppen aus Bewohnern und Anhängern der historischen Bauwerke, die sich der Abrissbirne entgegenstellten. Der Widerstand gegen den Abriss des alten Haga hatte schließlich Erfolg und mündete in den frühen 1980er-Jahren in einem **Sanierungskompromiss:** Einige Häuser wurden planiert, während das Gros der bewahrenswerten Gebäude sensibel saniert und die Neubauten dem historischen Stil entsprechend in die Straßenfronten eingefügt wurden. Trotzdem kam es in der heißen Phase zu regelmäßigen Protesten und Hausbesetzungen.

Seit den 1990er-Jahren ist das Viertel zu einer der angesehensten Wohngegenden der Stadt geworden. Das rapide gestiegene Preisniveau seit der Generalsanierung führte jedoch – wie es im Soziologendeutsch so schön heißt – zu einer Gentrifizierung des Viertels und Studenten, Künstler, Freiberufler und Aussteiger sind dem wohlhabenden Bürgertum gewichen. Der **Charme** ist Haga aber geblieben und zum Schlendern, Kaffeetrinken und Einkaufen gibt es in Göteborg kaum eine schönere Ecke (s. S. 72).

› Straßenbahnlinien 1, 3, 6, 9 und 11, Haltestellen Hagakyrkan oder Järntorget

19 Skansen Kronan ★★ [J7]

Als militärische Absicherung gegen die Dänen gedacht und um Schwedens Zugang zur Nordsee abzusichern, wurde die Skansen Kronan gegen Ende des 17. Jahrhunderts errichtet. In der über 300-jährigen Geschichte der Festungsanlage haben deren Kanonen nicht einen einzigen Schuss abgefeuert. Ebenso wenig wurde auf den Festungsturm jemals geschossen. Vom Burghügel aus hat man eine tolle Aussicht über die Stadt und die ausgedehnten Hafenanlagen. In späteren Jahrhunderten dienten die Katakomben als Ge-

036gb Abb.: ld

Vom Gefängnis zur Touristenattraktion: die Skansen Kronan

fängnis und dort, wo früher die Inhaftierten ihren wöchentlichen Freigang genossen, sitzen heute die Besucher der Festung auf Bänken und genießen den Blick über die Stadt. Bei Heiratsabsichten: **Komplette Hochzeitsarrangements** inkl. mehrgängigem Menü werden hier in historischem Ambiente gerne realisiert.

› Skansberget, www.skansenkronan.se, Tel. 031 7113033, Turmbesichtigung Do./Fr. 10–15 Uhr (12–13 Uhr Mittagspause, im Sommer erweiterte Öffnungszeiten), Gesamtanlage aber tägl. geöffnet; im Frühling und Herbst üppiges Sonntagsbrunchangebot, Straßenbahnlinien 1, 2 und 6 bis Haltestelle Prinsgatan, von dort mit eigener Wadenkraft den Berg hinaufsteigen

20 Masthuggskyrkan (Masthugget-Kirche) ★★ [H7]

Obwohl die Masthugget-Kirche erst im Oktober 1914 eingeweiht wurde, läutete sie schon zwei Monate zuvor die allgemeine Mobilisierung der schwedischen Armee nach Ausbruch des Ersten Weltkrieges ein: Am 2. August erklangen die Glocken der noch nicht fertiggestellten Kirche und riefen alle schwedischen Männer zu den Waffen.

Die auf einem Hügel gelegene, im nationalromantischen Stil erbaute Kirche ist nicht nur architektonisch von besonderem Interesse, sondern ermöglicht vom Kirchenhügel aus eine **fantastische Aussicht auf Göteborg und das Umland.** Auch von den meisten Punkten in der Innenstadt aus kann man die imposante Kirche gut sehen. Für viele der schwedischen Auswanderer in die Neue Welt im 19. und frühen 20. Jahrhundert war die Masthugget-Kirche auch der letzte Zipfel Schweden, den sie von den Auswandererschiffen aus erblicken konnten, bevor es über den Atlantik nach Amerika ging.

› Storebackegatan 15, Tel. 031 7319250, www.svenskakyrkan.se/masthugg, tägl. 9–13 Uhr (im Winter Mo.–Fr. 9–16 Uhr), Straßenbahnlinien 3, 9 und 11 Richtung Marklandsgatan bis Haltstelle Stigbergstorget, von dort auf des Schusters Rappen den Hügel hinauf

21 Klippan Kulturreservat ★★ [C8]

Wen vormalige Industrieanlagen des 19. Jahrhunderts faszinieren, die heute zweckentfremdet, entkernt und für Kunst und Kommerz genutzt werden, der ist im Viertel Klippan genau richtig.

Mitte des 19. Jahrhunderts war das Viertel Klippan **das Silicon Val-**

ley Göteborgs. Der Antreiber und Initiator war David Carnegie, ein schottisch-schwedischer Industrieller, der neuen Techniken gegenüber aufgeschlossen war. Unter seiner Ägide wurden die neuesten Prozesse in der Industrieproduktion implementiert. In der Zeit wurden 30 % des industriellen Outputs Göteborgs in seinem Namen hergestellt und insbesondere die Zuckerproduktion und die Brauereien boomten.

Heute noch stehen die **beeindruckenden Fassaden** der damaligen Expansionsphase – doch inzwischen dienen sie gänzlich anderen Zwecken. Die riesige Porterbrauerei Carnegies beherbergt heute ein Hotel und ein Restaurant. Viele umliegende Gebäude haben kulinarische oder kulturelle Institutionen aufgenommen, wurden durch moderne Architektur ergänzt und faszinieren auf ganz eigene Art. So findet man hier z. B. die **Röda Sten Konsthall** (s. S. 49) mit interessanten Wechselausstellungen. Ein uriges Kleinod stellt die **St.-Brigitta-Kapelle** dar, die auf einer kleinen Anhöhe mitten im Industrieareal steht. Außerdem kann man die **Ruinen der Festung Älvsborg** besichtigen, die früher eine große Bedeutung für die Gegend und zahlreiche wechselnde Besitzer hatte. Die Festungsreste sind frei zugänglich, überdacht und mit Hinweistafeln versehen. Und über dem ganzen Ensemble thront die moderne Älvsborgsbron, die majestätisch den Götaälv überspannt.

› Straßenbahnlinie 3 oder 9 bis Haltestelle Vagnhallen Majorna, Unterführung unter der Schnellstraße nutzen und der Beschilderung Richtung „Klippan" folgen oder mit der Fähre „Älvsnabben" bis zur Endhaltestelle „Klippans Färjeläge" fahren

22 Slottsskogen ★★★ [H9]

New York hat seinen Central Park, Göteborg hat seinen „Schlosswald". Die Göteborger können sich brüsten, ein facettenreiches Naherholungsgebiet mit der Größe von über 180 Fußballfeldern oder 137 Hektar, fast mitten in der Stadt gelegen, zu besitzen.

Der Schlosswald hat nicht nur eine immense Fläche zu bieten, sondern auch eine **inhaltliche Vielfalt**, die Besucher mit unterschiedlichsten Interessen anzieht. Dabei reicht das Spektrum von einer Minigolfanlage über einen ausgesprochen kinderfreundlichen Tierpark (mit Ponyreiten und Streichelzoo), das Naturhistorische Museum bis zum städtischen Observatorium. Neben den genannten Attraktionen kann man den Park aber auch einfach nutzen, um im Grünen spazieren zu gehen oder die Vielfalt der schwedischen Natur auf dem hügeligen Areal zu genießen. Im Zoo kann man Elche und andere nordische Tiere bestaunen, sollte sich aber auch nicht wundern, auf den kurvigen Pfaden plötzlich auf wilde Rehe

EXTRATIPP

Für Pflanzenfreunde

Ob man nun Anhänger der natürlichen Wildnis mit fast undurchdringlichem Grün ist oder den gepflegten Garten japanischer Provenienz mit dauerhungrigen Kois bevorzugt – im botanischen Garten von Göteborg finden alle ihre florale Präferenz.

★2 [J10] **Botaniska Trädgård,** Carl Skottsbergs Gata 22 A, www.botaniska.se, Tel. 010 4737777, tägl. von 9 bis Sonnenuntergang geöffnet, Eintritt frei (jedoch werden 20 Skr „Spende" empfohlen), Gewächshaus: 20 Skr

Edwardson, Mankell, Tursten und Co.

Alles begann 1965 mit „Die Tote im Götakanal" (schwed. Originaltitel „Roseanna"). Das Autorenpaar Maj Sjöwall und Per Wahlöö hatte einen Polizisten mit Allerweltsnamen geschaffen, der wohl ohne Zweifel als ***Vater aller schwedischen Kommissare*** *angesehen werden kann:* ***Martin Beck.*** *In insgesamt zehn Romanen wird Beck auf die Probe gestellt und schildert seine Sichtweise der schwedischen Gesellschaftsentwicklung. In seinen Aussagen spiegelt sich das marxistische Weltbild seiner Erschaffer wider. In der Zeit der Studentenunruhen, Anti-Vietnam-Demonstrationen und dem Aufkommen eines gewaltbereiten linken Spektrums in vielen Staaten Westeuropas kritisiert Martin Beck das kapitalistische System und die sog. Scheindemokratie in Schweden. Erstmals fand eine Verknüpfung von spannendem Krimi mit offener Gesellschaftskritik statt; und das erfolgreich: Die Kommissar-Beck-Reihe erreichte Millionenauflagen und wird laufend neu aufgelegt.*

Seit einigen Jahren knüpfen jüngere schwedische Autoren an die Erfolge von Sjöwall/Wahlöö an. Ob Håkan Nessers Protagonist ***Van Veeteren*** *in der fiktiven Stadt Maardam, Liza Marklunds Romanfigur der Stockholmer* ***Reporterin Annika Bengtzon*** *oder der wohl berühmteste fiktive Schwede der Geschichte* ***Kurt Wallander*** *des 2015 verstorbenen Schriftstellers Henning Mankell – sie alle nutzen das Medium Kriminalroman, um durch ihre Figuren den gesellschaftlichen Ist-Zustand der schwedischen Gesellschaft kritisch zu beleuchten.*

Auch Göteborg ist als Literaturschauplatz von dunklen Machenschaften und hinterhältigen Morden nicht zu unterschätzen. Die Autorin Helene Tursten und ihre Kommissarin ***Irene Huss*** *und Åke Edwardson mit seinem snobistischen* ***Kommissar Erik Winter*** *lassen ihre Akteure in Göteborg und Umland fluchen, sich das Hirn zermartern, sich mit ihren privaten Problemen herumschlagen und – nicht zu vergessen – am Ende immer erfolgreich ermitteln.*

Warum die schwedische Kriminalliteratur gerade im deutschsprachigen Raum so populär ist, wissen selbst deren Erschaffer nicht. Auf die Frage nach dem ungeheuren Erfolg wusste Håkan Nesser nur Folgendes zu antworten: „Das weiß ich nicht. Das ist ein deutsches Problem." … „In meinen optimistischsten Augenblicken glaube ich, dass es daran liegt, dass wir einfach gute Bücher schreiben."

zu stoßen, die im Slottsskogen ebenfalls beheimatet sind. Im Sommer picknicken die Göteborger gerne auf den einladenden Rasenflächen, joggen oder spielen mit Bällen und Frisbees. Wer dem bunten Treiben der quirligen Innenstadt mal entfliehen möchte, kann hier seine persönliche Ruhezone im Grünen finden.

› Straßenbahnlinien 1, 2 und 6, Haltestelle Linnéplatsen
› tägl. geöffnet, Eintritt frei, Fütterungszeiten für die Seelöwen 14 Uhr und für die Pinguine 14.30 Uhr (April–Sept.)

Vom Arbeitstier zum Wahrzeichen: der orange Bockkran von Eriksberg

23 Eriksberg ★★ [D6]

Was den Hamburgern ihre HafenCity, ist den Göteborgern ihr Eriksberg: Das ehemals rein maritim-industriell genutzte Gebiet nördlich des Götaälv hat sich im 21. Jahrhundert zum neuesten und modernsten Wohngebiet der Stadt entwickelt. Aber der Reihe nach:

Im Jahr 1850 wurde hier offiziell die „Ericsberg Metall- och Tackjärnsgjuteri" gegründet, der erste Gießerei- und Galvanisierungsbetrieb Schwedens. Potenzielle Kunden waren Schiffsbesitzer und Kapitäne, die entsprechende Facharbeiten an ihren Schiffen ausgeführt haben wollten. Zwei Jahrzehnte später wurde der Metallfachbetrieb um eine Werft erweitert und 1873 verließen die zwei ersten Neubauten – die Dampfschiffschlepper „Aktiv" und „Erik" – das Dock. 1876 wurde das Unternehmen zur Aktiengesellschaft und ein kontinuierliches Wachstum prägte die folgenden Jahrzehnte. Besonders die kriegerische erste Hälfte des 20. Jahrhunderts mit unzähligen Reparatur- und Neubauaufträgen führte dazu, dass die Eriksberg Mekaniska Verkstad zu einer der ertragsreichsten Firmen Schwedens anwuchs. Und dieser Trend setzte sich nach dem Zweiten Weltkrieg und mit dem globalen Anwachsen des Schiffsverkehrs weiter fort. Bis in die späten 1960er-Jahre wurden alljährlich hohe Millionengewinne erwirtschaftet und die 6000 Werftarbeiter erhielten überdurchschnittlich hohe Gehälter. Diese hohen Löhne, Managementfehler, die Ölkrise von 1973 und nicht zuletzt die aufstrebenden Werftindustrien Japans und Koreas brachten die Werft innerhalb weniger Jahre in Schieflage. Der schwedische Staat sprang in die Bresche und kaufte den Industriegiganten 1975 für symbolische 1000 Kronen. Doch das konnte den Niedergang des Unternehmens, wie auch aller anderen schwedischen Werften, nicht verhindern. Im Juni 1979 verließ mit dem Tanker „Atlant" das letzte Schiff die Docks. Nach 130 Jahren und 626 Schiffsneubauten war ein Kapitel Stadt- und Industriegeschichte definitiv beendet.

074gb Abb.: ld

075gb Abb.: ld

Wo vormals Werftarbeiter schwitzten, regiert heute die Kultur: die Eriksberghalle

Seit Mitte der 1990er-Jahre wird im rasanten Tempo ein „neues“ Eriksberg erschaffen, das in östlicher Richtung durch ein „neues“ Lindholmen ergänzt wird: Moderne, mehrheitlich funktionalistische Wohnbebauung mit hohen Räumen, breiten Balkonen und großflächigen Fenstern, die für viel Tageslicht sorgen, ersetzt die vormalige Industriearchitektur. Mitten im nun modernen Quartier stößt man aber auch auf bewusst konservierte Relikte der urbanen Wirtschaftsgeschichte wie die alte Maschinenhalle, heute **Eriksberghalle**, ein Veranstaltungsort für bis zu 2000 Gäste oder den quasi ikonischen **Bockkran**, der im leuchtenden Orange als symbolisches, 73 m hohes Eingangsportal für das neue Eriksberg steht.

Über einen gut ausgebauten Fußweg, zu weiten Teilen als schicker Holzplankenweg angelegt, kann man am Ufer entlangflanieren, dabei zur einen Seite den mächtigen Götaälv, zur anderen die moderne Wohnarchitektur im – wie die Schweden sagen – „Funkis-Stil“. Einkehrmöglichkeiten in Café- oder Restaurantform runden den Erkundungsspaziergang kulinarisch ab.

› Fähre Älvsnabben, Haltestelle Eriksberg

EXTRATIPP

Ostindiensegler Götheborg

Am Pir Fyra, dem Pier Vier, in Eriksberg liegt den Großteil des Jahres ein ganz besonderes Schiff vertäut: der mächtige Ostindiensegler Götheborg, eine 1:1-Kopie des Original-Segelschiffs, welches nach drei erfolgreichen Chinareisen im Jahr 1745 in der Hafeneinfahrt, nur 800 m vor dem Ziel, auf Grund lief und sank. Das Wrack wurde Mitte der 1980er-Jahre von Tauchern entdeckt und von Unterwasserarchäologen untersucht, die schließlich ihre Idee eines Nachbaus der Öffentlichkeit präsentierten. Mithilfe von Unterstützern aus Wirtschaft und Regierung wurden 1995 die Bauarbeiten aufgenommen. Der Bau nach historischen Plänen und mit alten Werkzeugen und Konstruktionstechniken sowie die Integration modernster Sicherheitstechnik verschlang enorm viel Zeit. So konnte Königin Sylvia das neue, alte Segelschiff erst im September 2004 offiziell taufen.

Ein Jahr später ging die Götheborg dann auf große Expedition: Für die Fahrt nach Guangzhou (China) benötigte der Segler fast zehn Monate. Nach der Rückkehr unternahm das Schiff noch mehrere Touren in europäischen Gewässern, liegt aber nun zumeist am Ufer vor Eriksberg. Nach der anfänglichen Euphorie nahm die finanzielle Unterstützung des Projekts mehr und mehr ab. Die immensen Unterhaltskosten können kaum noch gedeckt werden und deshalb steht der mächtige Segler seit Mai 2016 zum Verkauf. Wie es nun mit der Götheborg weitergeht und ob es weiterhin spannende Führungen (auf Schwedisch und Englisch) geben wird, steht in den Sternen. Am besten unter www.soic.se informieren.

Entdeckungen außerhalb der Stadt

Das Göteborger Zentrum verfügt über eine große Anzahl an Attraktionen. Alle zu besichtigen bzw. zu besuchen würde sicherlich mindestens eine Woche bis zehn Tage in Anspruch nehmen. Da fällt es oft schwer, die richtigen persönlichen Prioritäten zu setzen. Und um nun das touristische Entscheidungsdilemma noch zu vergrößern, muss man Folgendes ehrlich feststellen: Auch außerhalb des eigentlichen Stadtzentrums gibt es einige zusätzliche Besuchermagneten, die man wirklich nicht verpassen sollte. Folgende lohnende Ziele sind alle einfach, im Rahmen von Halb- bzw. Ganztagsausflügen, mit öffentlichen Verkehrsmitteln zu erreichen.

24 Nya Elfsborg Fästning ★★

Oftmals in der Geschichte haben sich militärische Verteidigungsbauwerke als ineffektiv oder sogar schlichtweg als überflüssig erwiesen. Bei der Nya Elfsborg Fästning, die unübersehbar die äußere Hafeneinfahrt dominiert, war dies nicht der Fall und ihre massive Präsenz hat die Zeitläufe maßgeblich beeinflusst.

Im Großen Nordischen Krieg Anfang des 18. Jahrhunderts stand das Inselbollwerk zeitweise **im Mittelpunkt der Auseinandersetzungen zwischen Dänen-Norwegern und Schweden.** Der dänischen Marine unter Führung des Vizeadmirals Peder Tordenskjold stand 1719 auf dem Weg nach Göteborg, nach Einnahme der nördlich gelegenen Burg Marstrand, nur noch die Festung Elfsborg im Wege. Um in den Hafen eindringen zu können, musste die Festungsanlage erobert oder zumindest zerstört werden. Die dänischen Angreifer platzierten zu diesem Zweck schwere Kanonen und Mörser auf den benachbarten Inseln und beschossen die schwedischen Verteidiger Nya Elfsborgs sowohl von den neu errichteten Landbatterien als auch mit ihrer Schiffsartillerie. Die Kanonenkugeln hagelten vier Tage und Nächte auf das Bollwerk nieder, aber der schwedische Festungskommandant Lillie lehnte brüsk zwei Kapitulationsaufforderungen Tordenskjolds ab, obwohl die Anlage schon deutlich in Mitleidenschaft gezogen war. Als von der nördlichen Flussseite schwedische Kanonen, die in einer Nacht- und Nebelaktion dorthin transportiert worden waren, das Feuer auf die dänische Belagerungsflotte eröffneten, zog diese sich aus dem Schussbereich zurück und wich auf das offene Meer aus. Obwohl die Blockade Göteborgs noch zwei Monate fortgesetzt wurde, scheiterte die dänische Invasion Göteborgs schlussendlich und die Hafenstadt verblieb Teil des schwedischen Reichs.

In Anlehnung an den tapferen Kommandeur Johan Lillie gibt es noch heute eine **Göteborger Redewendung,** die sich auf die Ereignisse vom Sommer 1719 bezieht: „Die Dänen pflücken keine schwedischen Lilien." Seinem dänischen Pendant Vizeadmiral Tordenskjold erging es schlechter: Bei einem Duell mit einem schwedischen Offizier nur ein Jahr später – es ging um den Vorwurf des Betrugs beim Kartenspiel – zog er in der Nähe von Hildesheim den Kürzeren. Immerhin ist noch heute eine dänische Streichholzmarke nach dem Seehelden benannt ...

Auf der Festungsinsel, die 1869 als militärische Anlage in den Ruhestand versetzt wurde, gibt es heute eine **Vielzahl an Aktivitäten** für die Besucher: Schatzsuche, Mordermittlung oder „Gefangen auf Nya Elfsborg" heißen die modernen, zivilen Betätigungsfelder. Aber auch Theaterspiele und historische Aufführungen finden hier in den Sommermonaten statt, am besten vorher auf der unten angegebenen Homepage informieren (auch auf Englisch). Und wer sich mal vom „Besichtigungsstress" erholen möchte, findet im frisch renovierten „Kommendantens Bistro" sicherlich feste und flüssige Nahrung (geöffnet tägl. 11–16.30 Uhr).

› **Anreise:** Mit Schiffen ab Lilla Bommen, von Anfang Juli bis Mitte Aug. diverse Abfahrten täglich (Fahrzeit 30 Min.)
› Kykogardsholmen, im nördlichen Bereich der Hafeneinfahrt gelegen, Tel. 031 158151, www.alvsborgsfastning.se, Fährüberfahrt (und Eintritt inkl.): Erwachsene 180 Skr (inkl. Inselführung), Kinder zw. 6 und 15 Jahren 90 Skr, Familienticket (2 Erw. u. 2 Kinder) 495 Skr (mit City Card gratis)

25 Der Göteborger Schärengarten ★★★

„... überspült von den aufschäumenden Wellen liegt ein Perlenband von Inseln – Styrsö und Donsö und Känsö und Brännö. Ich liebe Euch ...", so äußerte sich Lasse Dahlquist, Komponist, Sänger, Schauspieler und Poet, der den Großteil seines Lebens auf der Schäreninsel Brännö lebte, dort 1979 verstarb und auf dem Kirchenfriedhof begraben ist.

Wer mal ein wenig raus will aus der Großstadt und die **raue Schönheit der schwedischen Westküste** erleben möchte, der sollte sich den Göteborger Schärengarten keinesfalls entgehen lassen. Mit einem normalen Fahrschein und der Staßenbahnlinie 11 lässt sich eine solche Tour problemlos organisieren. Mit der aufladbaren Magnetkarte von Västtrafik kostet die Straßenbahn inklusive (!) der Fähre nur 22 Skr. Es dauert mit der Tram von der Innenstadt aus nur ca. 40 Minuten und schon weht einem am Anleger in Saltholmen der frische Nordseewind um die Nase. Oder man nimmt den flotten Expressbus Nr. 114 (Nils Ericson Terminal – Saltholmen, Fahrzeit ca. 25 Minuten). **Saltholmen** ist der perfekte Ausgangspunkt und Sprungbrett für die Fährüberfahrten zu den vorgelagerten Inseln des südlichen Schärengartens, die ausnahmslos autofrei sind. (Es gibt auch einen „nördlichen", der ist touristisch aber kaum erschlossen und nur sehr schwer erreichbar, wenn die Göteborger von

038gb Abb.: ld

Atemberaubend schön: der Göteborger Schärengarten 25

„Schärengarten" sprechen, meinen sie daher in der Regel den „südlichen Schärengarten".)

Am Anleger in Saltholmen erhält man kostenlos einen **Fahrplan inkl. hilfreicher Übersichtskarte**.

Fährverkehr im südlichen Schärengarten

Dreh- und Angelpunkt aller Ausflüge in den südlichen Schärengarten ist der **Anleger in Saltholmen**, der am einfachsten mit der Straßenbahnlinie 11 ab Göteborg-Innenstadt erreichbar ist. In den Sommermonaten existieren auch **direkte Bootsverbindungen vom „Stenpiren"**, dem großen Anleger am Götaälv (nahe des Stadtzentrums), in den Schärengarten. Im Auftrag des Nahverkehrsunternehmens „Västtrafik" verkehren sechs Fähren der Reederei „Styrsöbolaget" im gesamten Archipel. Die Abfahrtszeiten der Boote sind zumeist synchronisiert mit den Ankunftszeiten der Straßenbahnen. Und von der Haltestelle zum Pier sind es nur wenige Meter. Unter **www.styrsobolaget.se** findet man Fahrpläne, weitergehende Informationen rund um den Fährverkehr und kurze Inselbeschreibungen sowie Tipps. Die Seite ist neben Schwedisch auch auf Englisch abrufbar.

Asperö

Die Insel Asperö liegt nur ca. 15 Fährminuten vom Anleger in Saltholmen entfernt und ist somit **am schnellsten von allen Inseln zu erreichen.** Auf der sehr übersichtlichen Insel – sie ist nur 0,33 km² klein – leben das ganze Jahr über ca. 400 Menschen. Runde, der Insel vorgelagerte Klippen laden im Sommer zum Sonnen und Baden ein. Die Siedlung und der Fähranleger „Asperö Norra" befinden sich im Nordwesten des Eilands. Zur Proviantierung z. B. für eine geplante Inselumrundung gibt es den Kaufmannsladen Affären på Asperö, der täglich geöffnet ist: Mo.–Fr. 11–13.30 u. 14.30–19, Sa. 11–15, So. 12–14 Uhr. Ein ausgezeichneter Badeplatz, der per Fußweg gut zu erreichen ist, befindet sich an der nordwestlichen Seite der Insel: Kvistevik.

Brännö

Fast in Steinwurfweite von Asperö liegt die größere Nachbarinsel Brännö mit ihren ca. 800 Einwohnern. Hier gibt es sogar **zwei Anlegestellen**, die regelmäßig angesteuert werden: Rödsten, an der östlichen Seite gelegen (und besser frequentiert), sowie Husvik im Westen. Die zwei Kais verbindet ein ca. 2 km langer, asphaltierter Weg, der mitten durch den Ort und am Lebensmittelladen vorbeiführt (Brännö Handel, im Sommer: Mo.–Do. 10–18.30, Fr. 10–19, Sa. 10–14, So. 10–13 Uhr, im Winter kürzer). Am gleichen Weg finden hungrige und durstige Besucher auch das Brännö Värdshus: Zu empfehlen sind, wie kaum anders zu erwarten, Fischgerichte und ein *Brännöl* (Brännöbier). Die Öffnungszeiten wechseln saisonal (im Sommer jedoch tägl. geöffnet), sind aber unter Tel. 031 970478 zu erfragen. Für spontane Übernachtungen oder bei verpassten Fähren empfiehlt sich die Pension Bagge (Tel. 031 973880) im Zentrum, die ganzjährig geöffnet ist.

In Brännö, wie auch auf den anderen Inseln des Archipels, sind Briefkästen nicht gleich Briefkästen. Fast jeder Hausbewohner hat einen **individuellen Briefkasten**, der mit viel Liebe und Herzblut gestaltet wurde, vor seinem Haus. Bemalt, beklebt oder sonstwie kunstvoll gestaltet sind die Postboxen zumeist mit maritimen Motiven versehen, absolut lohnenswert und auf jeden Fall eine tolle Fotoserie wert.

Zum Baden empfiehlt sich die Badebucht „Gröna Vik", die sich ca. einen Kilometer nördlich des Anlegers Rödsten befindet; 700 m südlich des Husvik-Piers kann man ruhig und einsam in der Ramsdal-Bucht das kühle Nass genießen. Und einen ausgezeichneten Rundumblick über Brännö und den südlichen Schärengarten hat man auf einem Hügel vom Aussichtspunkt „Lotsutkiken", der von einer kleinen Holzhütte mit obligatorischem Fahnenmast gekrönt wird (von Rödsten aus kommend auf der Anhöhe rechter Hand).

KLEINE PAUSE

Café Varvet

Für den kleinen oder auch großen Hunger ist das Café Varvet ein absoluter Volltreffer. Mit einer **urigen Holzterrasse** und unverstelltem Blick auf die Schärenwelt werden die Besucher angelockt ... und bleiben einfach nur gerne. Neben Kaffee und Kuchen werden auch Hauptgerichte mit Kaffee für insgesamt 100 Skr serviert. Vom Anleger Rödsten dem Weg Richtung Ortszentrum folgen, nach wenigen Minuten dem großen blauen Schild „Loppis" nach links folgen. Nun nicht vom etwas chaotischen Drumherum der alten Werft verwirren lassen ... mittendurch und nach 100 bis 150 m steht man vor dem Café Varvet.

3 **Café Varvet,** Brännö, im Sommer tägl. 11–22 Uhr (im Frühling/Herbst nur am Wochenende), Tel. 070 6970212

Vargö

Einen Ausflug in die **weitestgehend unberührte und karge Natur** macht man auf der etwas abgelegeneren Insel Vargö. Richtung Westen blickend sieht man hier nur noch das offene Meer des Kattegat. Seit 1986 ist die Insel ein Naturreservat. Sie kann jedoch problemlos ohne Anmeldung besucht werden, wobei zelten, offenes Feuer oder nicht angeleinte Hunde verboten sind. Da es auf der Insel keine Einkaufsmöglichkeit gibt, sollte

Insel der Infizierten, Kranken und Isolierten: Känsö

Hafenstädte *wie Göteborg waren in der Vergangenheit* ***Haupteinfallstore für ansteckende Krankheiten,*** *Seuchen und Epidemien. Um diese Gefahr zu eliminieren, dachten sich die Verantwortlichen über die Jahre Mechanismen und Verfahrensweisen aus. So befand sich auf der kleinen, im südwestlichen Schärengarten gelegenen Insel Känsö seit 1771 eine medizinische Quarantänestation.*

Schiffe aus Seuchen- oder Gefahrengebieten (welche als solche von entsprechenden staatlichen Stellen in Schweden klassifiziert wurden) näherten sich Känsö mit der ***gehissten schwarzen Quarantäneflagge,*** *oft begleitet von einem Lotsen, der jedoch im eigenen Boot segelte, um jeglichen Kontakt zu vermeiden. Mithilfe einer langen Stange wurden den Verantwortlichen die Schiffspapiere überreicht. Die Papiere wurden in Essig getränkt, in einer Blechdose deponiert und an Land gebracht. Dort öffnete ein Beamter mit Wachshandschuhen und Zange die Dose, räucherte (!) die Dokumente ausgiebig und erst dann wurde sich mit dem Inhalt auseinandergesetzt. Je nach Urteil der Expertenkommission mussten die Schiffe bis zu 40 Tage vor Känsö vor Anker gehen. Teilweise mussten sogar die geladenen Waren auf der Insel zwischengelagert und ebenfalls geräuchert werden. Aber auch die Besatzungen mussten 40 Tage ausharren, bevor sie die letzten Meter bis in den Götaälv zurücklegen durften.*

Genau vor der Felsküste der Insel wurden zu diesem Zweck vier Gebäude jeweils auf einer ***künstlich aufgeschütteten Insel,*** *komplett voneinander isoliert, errichtet: zwei Lagergebäude, eine Peststation und ein allgemeines Seuchenkrankenhaus. Aus medizinhistorischer Sicht von besonderem Interesse dürfte das Parloir-Gebäude sein, das bis heute unverändert und im historischen Originalzustand die Zeitläufe überlebt hat. Im Haus konnten sich auf Känsö Isolierte mit möglichen Besuchern oder dem Personal der Quarantänestation treffen. Der Gesprächsraum war durch ein massives Gitter und eine durchgehende Rinne baulich getrennt. In der Rinne wurde kontinuierlich Schwefel verbrannt, da der beißende Qualm die Ausbreitung der ansteckenden Krankheitserreger verhindern sollte. Gegenstände, die Isolierte und Besucher miteinander ausgetauscht hatten, wurden vor Übergabe den Schwefelschwaden ausgesetzt, um sie zu desinfizieren.*

Kapitänen und deren möglichen Handelspartnern im Göteborger Hafen, die versuchten das obige Prozedere zu umgehen, drohten rigorose Strafen: Todesstrafe für die direkt Involvierten und zusätzliches Verbrennen der kompletten Ladung und des Schiffes, damit auch die Schiffseigentümer in fremden Ländern bestraft werden konnten. Das schwedische Militär übernahm die Insel im Jahr ***1935*** *und besiegelte damit de facto* ***das Ende der Känsö Quarantänestation.***

Auch heute noch steht die Insel unter dem Kommando der schwedischen Marine und Zivilisten dürfen sie nur mit Sondergenehmigung besuchen. Und obwohl nach einem Gerichtsurteil von 2010 den Bewohnern der Nachbarinsel Brännö ein Nutzungsrecht zusteht, tobt noch immer ein Streit zwischen Staat und Bürgern um die Insel.

man sich vorher mit Nahrungsmitteln eindecken.

Hobbyangler und Badefreunde kommen auf Vargö auf ihre Kosten. Besonders Letzere werden an einem der wenigen sandigen Abschnitte des Archipels ihre Freude haben. Der geschütze Sandstrand „Bälvik" liegt im Süden der Insel, nur ca. 500 m vom Anleger auf der Nordseite entfernt. Bei Anreise außerhalb der sommerlichen Hauptsaison ist es sehr wichtig, der Fährbesatzung bei der Abfahrt in Saltholmen mitzuteilen, dass man nach Vargö reisen möchte, da die Insel sonst nicht regelmäßig angesteuert wird (Fahrzeit je nach Route, mind. 40 Min.). Gleiches gilt für die Rückfahrt (außerhalb der Hauptsaison): Diese muss telefonisch abgesprochen werden, deshalb auf der Hinfahrt die passende Rufnummer erfragen, ansonsten das Büro der Fährgesellschaft „Styrsöbolaget" in Saltholmen kontaktieren: Tel. 031 297599.

Auf den Schären gibt es keine privat genutzten Autos

Styrsö

Mit über 1300 Bewohnern **gehört Styrsö zu den großen Inseln** des südlichen Schärengartens. Der Größe angemessen gibt es sogar drei Bootsanleger, die regelmäßig von Fähren angesteuert werden: Bratten (im Nordosten, Fahrzeit ca. 20 Min.), Tången (an der Nordspitze, ca. 30 Min. Fahrzeit) und Skäret (im Südosten, Fahrzeit ca. 30 Min.). Auf Styrsö kann man ausgezeichnet wandern und die abwechslungsreiche Landschaft genießen. Dabei sollte man den Aussichtspunkt „Stora Rös" in der Mitte der Insel keinesfalls verpassen. Auf dem Hügel befinden sich auch eine Grabanlage aus der Bronzezeit und eine nicht zu übersehende Schifffahrtsmarkierung. Wer Zeit und Muße hat, kann sogar per pedes die Nachbarinsel Donsö besuchen, die über die Brücke „Kråksprånget" erreichbar ist.

Für den Sprung ins kühle Nass bieten sich Uttervik im Nordwesten (Felsen- und Sandstrand) und das nordöstliche Bratten in der Nähe des gleichnamigen Piers an (kleiner

Sandstrand und Badesteg). Da in den Sommermonaten bis zu 4000 Menschen auf der Insel verweilen, ist die **touristische Infrastruktur ausgezeichnet.** Das Angebot reicht von diversen Restaurants und Cafés, einem Friseursalon, einer Postfiliale, einer Blumenhandlung, einer Bibliothek bis hin zu kleinen Supermärkten.

Übernachten mit Seeblick kann man hier:

- **4 Styrsö Skäret,** Tel. 031 973230, www.pensionatskaret.se, Doppelzimmer ab 1800 Skr. Stilvolle 4-Sterne-Pension
- **5 Styrsö Bed & Kitchen,** im Inselzentrum, www.styrsorum.se, Tel. 0700 809980, Doppelzimmer 600 Skr oder ein komplettes Häuschen für 1700 Skr. Preisgünstig und gemütlich.

EXTRATIPP

Wohnen im eigenen Haus

Ein ganz besonderes Erlebnis ist ein längerer Aufenthalt auf einer der Schäreninseln, sodass man **abends nicht zurück in die Stadt** reisen muss, sondern ganz unabhängig vom Fährfahrplan seinen Tag verbringen kann. Neben den genannten Herbergen und Unterkünften gibt es noch eine ganz spezielle Art der Schären-Logis: Man mietet sich einfach ein komplettes Haus – vielleicht sogar mit unverstelltem Seeblick – und wird für einige Tage (oder Wochen) Hausherr mitten in der Nordsee! Attraktive Angebote mit der entsprechenden Preisvorstellungen der Vermieter findet man unter: www.stugformedlingen.se.

Donsö

Der **ökonomische Kraftprotz der Region** ist zweifelsohne Donsö. Die Insel dient 14 lokalen Reedereien mit insgesamt ca. 40 Schiffen als Zentrale und Heimat. Oft sind die auf Donsö registrierten Schiffe so groß, dass sie den Hafen und Anleger im Westen der Insel gar nicht anlaufen können. Zusätzlich sind acht moderne Fischtrawler sowie weitere Fischereiboote auf Donsö gemeldet. Bei dieser regelrechten Schiffsarmada wundert es kaum, dass der Hafen von Donsö bei Freizeitkapitänen mit ihren Segel- und Motorbooten sehr populär ist. Für Besucher ist somit gesorgt und in Hafennähe findet man eine Pizzeria, eine Grillbude, ein Café, einen Supermarkt und sogar eine Bowlingbahn. Im südlichen Teil des Hafens liegt etwas versteckt die „Donsö Rökeri" („Donsö Räucherei"), die geräucherte Fischspezialitäten offeriert (saisonale Öffnungszeiten, am besten vorab telefonisch unter 031 972526 oder unter www.donsorokeri.se informieren).

Abseits des Hafentrubels zeigt sich Donsö auch von seiner ruhigen, naturnahen Seite. Im Südosten kann man von Torholmen aus einem **ausgeschilderten Naturwanderpfad** (schwed. *Naturstig*) folgen und vom Aussichtspunkt „Donsö Huvud" den Blick übers Meer genießen. Folgt man dem Küstenweg Richtung Norden, kommt man nach ca. 1,2 km nach Lökholmen, dem schönsten Badeplatz der Insel. Wer nun noch nicht genug gesehen hat, der kann über die Brücke „Kråksprånget" zur Nachbarinsel Styrsö hinübergehen und dann von dort die Fähre zurück nach Saltholmen nehmen.

Vrångö

Die südlichste noch von den regulären Saltholmen-Fähren angelaufene Schäreninsel ist **Vrångö.** Die Fähre benötigt ca. 45 bis 60 Minuten (die seltenen Direktfähren im Sommer jedoch nur ca. 20 Minuten). Selbst für diese doch relativ lange Strecke –

also vom Göteborger Stadtzentrum bis in den Südzipfel des Archipels – betragen die Fahrtkosten mit der Västtrafik Magnetkarte nur 22 Skr.

Die knapp 400 Bewohner Vrångös haben sich auf einem Querstreifen in der Mitte der länglichen Insel niedergelassen. Im Osten befindet sich der Fähranleger „Mittvik“, während sich die Hauptsiedlung im Westen am Fischereihafen befindet. Der Fußweg zur Querung der Insel vom Fährkai zum Hafen, der zu einem Jachthafen erweitert wurde, ist gerade einmal einen Kilometer lang.

Wer den südlichen Teil der Insel – ein **Naturreservat** – erkunden möchte, biegt vom Anleger aus kommend an der ersten Weggabelung in den Nötholmsvägen links ab. Nach wenigen Hundert Metern erreicht man die sandige Badebucht „Nötholms Vik“, die sehr für Kinder geeignet ist und wo es auch eine einfache Toilettenanlage gibt. Dem markierten Pfad folgend spaziert man anschließend durch das idyllische Naturreservat (Beschilderung nach „Kungssund“) und kann einen unverstellten Blick auf die offene See genießen. Hält man sich dann gen Norden, kommt man automatisch in das Örtchen Vrångö mit Fischereihafen und Gastroangeboten: Andreas Fisk & Rök mit Verkaufsstellen am Fischereihafen und am Fähranleger (geöffnet: tägl. Jun.–Aug., Tel. 0709 369907, http://fiskeboaandreasfiskorok-vrango.torget.se) bietet, wie der Name schon erraten lässt, Meeresfrüchte auf vielerlei Art.

Eine Fähre verbindet die Insel Koö mit der Hauptinsel Marstrandsö

- **6 Skärgårdens Café,** Nötholmsvägen 10, http://skargardenscafevrango.se, Tel. 076 3975011. Ganz in der Nähe des Anlegers befindet sich das Café mit seiner großen Außenterrasse, das in den Sommermonaten tägl. ab 10 Uhr seine Türen für Besucher öffnet.
- **7 Supermarkt „Måsen Livs“,** direkt am Hafen, Öffnungszeiten im Sommer: tägl. 9.30–19 Uhr, Tel. 031 975510, mit Postservice und Mini-Apotheke.

26 Gunnebo Slott (Schloss Gunnebo) ★★

Der Terminus „Sommerhaus“ bekommt eine gänzlich neue Bedeutung, wenn man beeindruckt vor dem Schloss Gunnebo steht. Einer der reichsten Männer seiner Zeit hatte sich das imposante Anwesen als reine Sommerresidenz bauen lassen.

Im Gegensatz zu den kontinentalen Gegenstücken seiner Zeit – Gunnebo wurde in seiner jetzigen Form 1796 fertiggestellt – war das Hauptbaumaterial des Schlosses Holz und nicht Stein. Nach dem damals gängigen Sprachgebrauch wurde das Bauwerk als Schloss tituliert, wobei man es heute wohl eher als Herrschaftshaus oder -sitz bezeichnen würde. Besonders empfehlenswert sind die geführten Schlosstouren. Das prachtvolle Interieur bekommt man nämlich nur im Rahmen von **45-minütigen Rundgängen** zu sehen und sollte man keinesfalls verpassen.

Errichtet wurde das Haus von John Hall (dem Älteren), der im internationalen Handel im Rahmen der schwedischen Ostindienkompanie und mit dem Export schwedischer Eisenerze ein gigantisches Vermögen gemacht hatte. Sein Sohn John Hall (der Jüngere) hatte jedoch nicht das kaufmännische Geschick seine Vaters geerbt.

Nur 25 Jahre nach dem Tod seines Vaters war das gigantische Vermögen pulverisiert und John Hall starb verarmt in Stockholm. Nach diversen Eignerwechseln ist **Gunnebo Slott seit 1949 in Besitz der Stadt Mölndal,** die seitdem für Instandhaltung und Betrieb des Anwesens verantwortlich zeichnet.

Neben dem Gunnebo Haupthaus ist auf jeden Fall ein Spaziergang durch den sehr gepflegten Schlosspark zu empfehlen, der Besuchern das ganze Jahr über offensteht. In dem vormaligen Bedienstetenhaus logiert heute ein nettes Café, in dem unter anderem **selbst gebackene Kuchenkreationen** feilgeboten werden (Juni–Aug. tägl. 11–17, sonstige Zeit tägl. 11–16 Uhr).

› **Anreise:** ab Göteborg Innenstadt mit der Straßenbahnlinie 4 bis „Mölndal Centrum", dort umsteigen in den Bus 753 (Richtung Heden) bis Haltestelle „Kristinedal", Fahrzeit je nach Verbindung 25–40 Minuten, Fahrpreis 32 Skr

› Christina Halls väg, 43136 Mölndal, Tel. 031 3341600, www.gunneboslott.se, Eintritt: Erwachsene 100 Skr, Kinder bis 15 Jahren frei, geführte Schlosstouren in der Periode Mitte Juni–Mitte Aug. tägl. um 12, 13 (auf Englisch) und 14 Uhr, in der sonstigen Zeit nur am Wochenende Führungen

27 Marstrand ★★

Wer sehen möchte, wie aus einer ärmlichen Heringsfischersiedlung ein mondäner Ort wurde, in dem sich die internationale Segel-High-Society mit Champagner zuprostet und in dem auch schon mal ein gekröntes Haupt seinen royalen Leib mit Nordseewasser benetzt, ja, der ist in Marstrand genau richtig!

Neben den oberen Zehntausend bevölkern im Sommer – also keine Sorge – auch viele Zehntausend normale Touristen den wirklich schönen Badeort ca. 50 Kilometer nördlich von

040gb Abb.: ld

Göteborg. Der **mittelalterliche Stadtgrundriss und die schönen Holzhäuser** im Stil der Bäderarchitektur sind einfach gelungen und machen den Besuch von Marstrand unvergesslich.

Gegen Ende des 13. Jahrhunderts wurde die Siedlung mit dem geschützten Naturhafen erstmalig urkundlich erwähnt. Schon damals lebten die Bewohner von den **großen Heringsschwärmen**, die vor der Küste Marstrands die See so zahlreich bevölkerten. Auf dem Stadtwappen umkreisen heute noch drei kräftige Heringe einen zentralen Stern. Die erste historisch belegte und ausgesprochen erfolgreiche Heringsperiode dauerte über 30 Jahre von 1556 bis 1589 und machte Marstrand zu einer der wohlhabendsten Städte des Landes. Die Fische und verwandte Produkte wurden nach ganz Europa exportiert. Der Fischfang schuf Arbeitsplätze und Menschen aus dem ganzen Norden zog es in **Goldgräberstimmung** in die Fischermetropole, die in dieser Zeit – inklusive des Umlandes – auf geschätzte 15.000 Einwohner anwuchs, ungefähr das Zehnfache der heutigen Bewohnerzahl.

EXTRATIPP

Marstrand vom Wasser aus ...

Eine echte Alternative zu den gängigen Erkundungswegen Marstrands ist eine **Tour mit dem Seekajak.** Mit eigener Muskelkraft und nur wenige Zentimeter über der Wasseroberfläche ist das ein Ausflug der besonderen Art. Bei Marstrands Kajaker, im Fischereihafen auf Koö gelegen, kann man Seekajaks tagesweise ausleihen. Preise ab 280 Skr (Einer) und 340 Skr (Zweier), mehr Infos unter Tel. 0303 60742 oder im Web unter www.marstrandskajaker.se

Doch analog zum Aufkommen bzw. dem völligen Verschwinden der großen Heringsschwärme entwickelte sich das Leben in Marstrand. Einer Achterbahnfahrt gleich pendelte der Fischerort **über Jahrhunderte zwischen ausuferndem Reichtum und extremer Armut.** Zwischen 1754 und 1809 schwamm Marstrand wieder ganz oben auf der Heringswelle und die Länge und Intensität des ökonomischen Aufschwungs war atemberaubend. Wieder zog es Tausende an die Küste, um am ausbrechenden Wohlstand zu partizipieren. Der Fischfang beflügelte auch andere Wirtschaftszweige wie z. B. die Salzereien zur Konservierung der Heringe oder die Trankochereien, deren Zahl in der Region um Marstrand auf über 500 anwuchs. Auf der Hauptinsel Marstrandsö buhlten viele Kneipen, Wirthäuser und Bordelle um die Gunst der Fischereiarbeiter.

Die Stadtverwaltung errichtete – man war die ständigen Brände und sich anschließenden Aufbauarbeiten leid – ein teures Rathaus aus Stein, das erste Nicht-Holz-Gebäude der Stadt. Auch der Handel jenseits der Fischprodukte gewann ab 1775 an Bedeutung. Gustav III. ernannte Marstrand zum **„Porto Franco“**, zum Freihafen mit allen Privilegien. Steuerfreiheit, freier und unbegrenzter Zuzug selbst für gesuchte Verbrecher, wenn sie bei Anmeldung ihre Vergehen offen gestanden, und absolute Religionsfreiheit, die man im schwedischen Reich so nicht kannte. In Marstrand wurde die erste Synagoge Skandinaviens gebaut. Der Status eines Freihafens wurde jedoch bereits 1794 aufgehoben, da die Krone an den erzielten Gewinnen zu wenig partizipierte, der Schmuggel dem regulären (und somit steuerpflichtigen)

042gb Abb.: ld

Handel den Rang abzulaufen drohte und auch den Regierungsbeamten die Anzahl an finsteren Gestalten zu groß wurde. Als kurz darauf auch die Heringschwärme in den Weiten des Atlantiks verschwanden, war das reiche Marstrand wieder Geschichte – *Bonjour tristesse!*

Um zu überleben musste man nach neuen Einkommensquellen suchen. Der Erfolg des 1843 eingeweihten Warmbadehauses, das Gebäude hatte zuvor eine Salzerei beherbergt, wies den Weg Richtung **„Seebad"**. Das parallel eröffnete Societetshus, in dem sich die Gäste zum Gespräch oder Getränk treffen konnten, stellte den neuen gesellschaftlichen Treffpunkt für die Badegäste dar. Blaublütige Unterstützung erfuhr Marstrand erstmals 1887. Schwedens König Oscar II. legte mit seiner royalen Jacht „Drott" im Hafen an. Das sollte sich von nun an die nächsten zwei Dekaden alljährlich wiederholen. Marstrand gewann enorm an Renommee. Die königlichen Feste, Empfänge und Konzerte zogen die Prominenz aus dem ganzen Land magnetisch an. Oscar II. ging mit besonderer Vorliebe in das neue Warmbadehaus. Nach seinen Badegängen verdienten sich die Badedamen ein besonderes Zubrot: Das royale Badewasser wurde in Flaschen gefüllt und meistbietend verkauft.

Eine Bootsfahrt rund um das sommerliche Marstrand ist traumhaft

Carlstens Fästning

Seit mehr als 300 Jahren thront die **imposante Festung** „Carlsten" über Marstrand. War sie anfangs noch ein notwendiges Bollwerk gegen das expansive dänische Königreich, wurde die Festung über die Jahre hinweg mehr und mehr zum Wahrzeichen der Stadt. Die letzen Militäreinheiten verließen den Burgberg 1991 nach dem Ende des Kalten Krieges. Heute ist die Anlage Museum, Konferenzzentrum, Veranstaltungslokalität und Hotel. Dabei nächtigt man in den ehemaligen Soldatenunterkünften. Besonders empfehlenswert ist die weitreichende Rundumsicht vom Burgturm, der sich 96 m über den Meeresspiegel erhebt.

› direkt auf dem Inselhügel, Tel. 0303 61167, www.carlsten.se, Eintritt: Erwachsene 85 Skr, Kinder (7–15 Jahre) 40 Skr, Juni–Aug. tägl. 11–16 (teils bis 20 Uhr), Rest des Jahres meist 11–15 Uhr (telefonische Anfrage empfohlen)

Anfahrt und Infos

Die Ortschaft Marstrand liegt auf den Inseln Koö und Marstrandsö, wovon die erste über eine Brücke mit dem Festland verbunden ist. Das eigentliche Zentrum liegt auf Marstrandsö, das über einen regelmäßigen Fährverkehr (alle 15 Min.) hervorragend angebunden ist (Fahrtkosten: 32 Skr für Hin- und Rückfahrt, Dauer ca. 3 Minuten). Vom Göteborger Stadtzentrum aus fährt man mit dem Marstrand Expressbus (MEXP) ab Nils Ericson Terminalen/Hauptbahnhof in 60 Minuten direkt zur Fähre. Mit der Magnetkarte von Västtrafik kostet die einfache Fahrt 51 Skr.

› Im Ort selber erhält man in einigen Geschäften und Restaurants einen Stadtplan und eine Übersichtskarte. Die Insel ist aber so übersichtlich, dass man sich auch ohne diese Hilfsmittel kaum verlaufen kann.

Gastronomie in Marstrand

Im Folgenden einige kulinarische Tipps für Marstrand:

8 **Bergs Konditori,** Hamngatan 9 (ca. 300 Meter rechts vom Anleger), Tel. 0303 60096, www.bergskonditori.com, täglich von Mai bis August, sonst nur an den Wochenenden geöffnet. Traditionsreiches Café mit weißer Bestuhlung und Beschirmung: Ausprobieren sollte man das Seglerfrühstück.

9 **Bröderna Arvidsons Fisk,** Hamngatan (genau am Kai), Tel. 0303 60040, im Sommer Mo.–Do. 10–21, Fr./Sa. 10–nachts, So. 10–17 Uhr. Solide Imbissbude mit einem Schwerpunkt auf Fisch und Schalentieren. Es gibt auch Eis, Süßigkeiten und Getränke.

10 **Lasse Majas Krog,** Hamngatan 31 (direkt am Fähranleger auf Marstrandsö), www.lassemajaskrog.se, Tel. 0303 61122, Juni–Sept. tägl. 12–24 Uhr. Ein Restaurant der mittleren Preisklasse mit internationaler Küche, aber auch lokalen Meeresspezialitäten. Eine gemütliche Terrasse mit Blick auf die Hafenpromenade lädt zum längeren Verweilen ein.

11 **Restaurang Maritime,** Gästhamnen (Jachthafen), in der Villa Maritime gelegen, www.villa-maritime.se, Tel. 0303 61025 . Restaurant und Bar/Lounge mit urigem Kamin und Bestellung à la carte. Im Sommer auch Veranda mit Blick auf den Jachthafen

EXTRATIPP

Inselwanderung

Ein Naturerlebnis erster Güte gibt es auf Marstrandsö ganz kostenfrei: eine Inselrundwanderung auf dem befestigten Weg am Meer. Man kann sich nicht verlaufen, da der Weg deutlich markiert ist und immer am Wasser entlangführt. Am norwestlichsten Punkt der Insel lädt der Minileuchtturm „Skallens fyr“ zur Picknickpause (vorher einkaufen nicht vergessen!) und zum Seele-baumeln-Lassen mit **Traumausblick** ein. Die Rundweg ist ca. 5 km lang und führt an einigen natürlich pittoresken Felsbuchten vorbei, die im Sommer zum Baden einladen ... einfach schön.

GÖTEBORG ERLEBEN

004gb Abb.: ld

020gb Abb.: ld

Göteborg für Kunst- und Museumsfreunde

Museen

12 **Aeroseum,** Säve Depå, Holmvägen 100, erreichbar mit der Buslinie 35 ab Hjalmar Brantingplatsen bis Haltestelle Granhäll, von dort 5 Min. Fußweg, Tel. 031 558300, www.aeroseum.se, im Sommer täglich 11–18 Uhr, im Winter montags geschlossen, Eintritt: 100 Skr, Kinder (4–16 Jahre) 50 Skr, Familienkarte (2 Erwachsene und 2 Kinder) 250 Skr. Hier kann man den Wahnsinn des Kalten Krieges noch hautnah spüren: 30 Meter unter der Erde, in den Felsen getrieben, befindet sich in den gigantischen Bunkeranlagen der schwedischen Luftwaffe heute das faszinierende Luftfahrtmuseum. Mit einem Schwerpunkt auf dem militärischen Aspekt der Luftfahrtgeschichte bietet das Aeroseum neben Originalflugzeugen auch etwas zum Fühlen, Anfassen und Ausprobieren: So können die Besucher im Cockpit der modernsten schwedischen Jagdflugzeuge Probe sitzen oder in Simulatoren durch die Welt fliegen.

13 [N5] **Elyseum (Energie-Museum),** Västgötagatan 2, Tel. 031 626590, www.goteborgenergi.se/Om_oss/Var_verksamhet/Historik/Elyseum, Mi. 9.30–14.30 Uhr (15. Juni–15. August geschl.).

Das Seefahrtsmuseum (s. S. 48) mit dem Gedenkturm für die getöteten schwedischen Seeleute des Ersten Weltkriegs

Vorseite: Pause mit Blick auf die Deutsche Kirche 6 *am Großen Hafenkanal*

Die Geschichte der Göteborger Energieversorgung: Von der ersten Dampfmaschine bis hin zu modernen Fernwärmenetzen reicht die Darstellung in dem historischen E-Werk aus dem Jahr 1908, das inzwischen selbst zu einer Sehenswürdigkeit geworden ist.

14 [K4] **Emigranternas Hus (Haus der Emigranten),** Packhusplatsen 7, http://emigranternashus.se, Tel. 031 130051, Mo.–Fr. 10–16 Uhr, Eintritt: 30 Skr (unter 20 Jahren frei). Wie der Name schon unschwer erkennen lässt, befasst sich diese Forschungsinstituion mit angeschlossenem Museum mit der Geschichte der Auswanderung. Göteborg als *die* Auswandererstadt – Schwedens Tor zum Westen – ist hierfür prädestiniert.

15 [N6] **Göteborgs Konsthall,** Götaplatsen, www.konsthallen.goteborg.se, Tel. 031 3683450, Di./Do. 11–18, Mi. 11–20, Fr.–So. 11–17 Uhr, Eintritt: frei. In einem klassizistischen Bauwerk von 1923 direkt am Götaplatsen befindet sich die Heimat moderner und zeitgenössischer Kunst in Göteborg. Wechselnde Ausstellungen, bitte im Internet oder telefonisch die aktuellen Informationen einholen.

16 [N7] **Göteborgs Konstmuseum,** Götaplatsen, Tel. 031 3683500, www.konstmuseum.goteborg.se, Di./Do. 11–18, Mi. 11–20, Fr.–So. 11–17 Uhr, Juni–August auch Mo. 11–18 Uhr, Eintritt 40 Skr. (die ein Jahr gültige Göteborger Museumskarte). Im Bereich nordische Kunst ist das Göteborger Kunstmuseum das weltweit führende Haus: Ob die Aktbilder von Anders Zorn, die das typisch schwedische Leben skizzierenden Malereien von Carl Larsson oder die stimmungsvollen Bilder P. S. Krøyers – viele nordische Künstler kann man hier bewundern.

5 [K4] **Göteborgs Stadsmuseum.** Im ehemaligen Stammgebäude der schwedischen Ostindienkompanie gelegen, zeichnet das Stadtmuseum die historische Entwicklung der Westküstenmetropole sehr faktenreich und anschaulich nach.

17 [N6] **Hasselblad Center,** Götaplatsen (im Erdgeschoss des Göteborger Kunstmuseums), Tel. 031 3683500, www.hasselbladfoundation.org, Di./Do. 11–18, Mi. 11–20, Fr.–So. 11–17 Uhr, Eintritt: 40 Skr. Die weltberühmten Kameras, sogar bei den Apollomissionen zum Mond waren Hasselblads an Bord, hatten die Göteborger Unternehmerfamilie reich und wohlhabend gemacht. Dank des letzten Willens von Erna und Victor Hasselblad – das Paar hatte keine Nachkommen – wurde im Jahr 1979 die Hasselblad Foundation gegründet. Ein Ausdruck der vielfältigen Aktivitäten der Stiftung ist das Hasselblad Center. Hier kann man die Arbeit der renommiertesten Fotografen bewundern, aber auch jungen Nachwuchstalenten wird die Möglichkeit geboten sich zu präsentieren. Mehrfach jährlich wechselnde Ausstellungen

18 **Idrottsmuseet (Sportmuseum),** Övre Kaserngården 12 (in den ehemaligen Kviberg Kaseren), Tel. 031 7266180, www.idrottsmuseet.se, Mo.–Fr. 10–16, jeden letzten Sa. des Monats 10–14 Uhr, Eintritt: 20 Skr. Ein ungewöhnliches Museum mit ungewöhnlichen Exponaten aus der Welt des Sports. Ob Ingemar Johanssons Schwergewichtsweltmeistergürtel von 1959 – der

> Museen, die mit einer magentafarbenen Nummer (5) als Hauptsehenswürdigkeit ausgewiesen sind, werden im Kapitel „Göteborg entdecken" ausführlich beschrieben. Dort finden sich auch alle praktischen Informationen wie Adresse, Öffnungszeiten usw.

EXTRATIPP

Göteborgs Museen für wenig Geld

Neben der Göteborg City Card gibt es eine weitere Alternative, um für wenig Geld viel zu sehen. Für nur 40 Skr erhält man in den folgenden fünf Göteborger Museen **eine ein Kalenderjahr lang gültige Karte,** die Eintritt in dieselbigen gewährt: Göteborgs Konstmuseum, Göteborgs Stadsmuseum 5, Naturhistoriska Museum, Sjöfartsmuseet und Röhsska Museet.

Boxer ist noch heute einer der berühmtesten Göteborger – den er dem US-Amerikaner Floyd Patterson in New York abnahm, oder Medaillen diverser Olympischer Spiele oder Sportausrüstungen vergangener Jahrzehnte – alles ist hier aus nächster Nähe zu besichtigen.

3 [K4] **Maritiman.** Schwimmendes Schifffahrtsmuseum, das am Kai fest vertäut ist und 13 Schiffe zählt.

M 19 [L4] **Medicinhistoriska Museet (Medizinhistorisches Museum),** Östra Hamngatan 11, Tel. 031 7112331, www.sahlgrenska.se/museum, Di.–Fr. 12–16 (Do. bis 20 Uhr), Eintritt: 40 Skr, Kinder 7–17 Jahre 20 Skr. Hier geht es rund um die Gesundheit damals und heute.

M 20 [I8] **Naturhistoriska Museum,** Museivägen 10, Tel. 010 4414400, www.gnm.se, Di.–So. 11–17 Uhr (Do. bis 20 Uhr), Eintritt: 40 Skr (die ein Jahr gültige Göteborger Museumskarte), unter 25 Jahren frei. Von präparierten Insekten über ausgestopfte Elefanten und Wale bis hin zu Dinosaurierskeletten reicht das Spektrum im Naturhistorischen Museum im Schlosswald. Über 10 Millionen Tiere kann man bewundern – aktuelle und prähistorische Lebewesen. Dafür reicht ein Nachmittag wohl kaum aus. Mit angeschlossenem Café und Museumsshop.

M 21 [M6] **Röhsska Museet,** Vasagatan 37–39, http://rohsska.se, Tel. 031 3683150, Mi. 12–20, Do./Fr. 12–17, Sa./So. 11–17 Uhr, Entritt: 40 Skr (die ein Jahr gültige Göteborger Museumskarte), unter 25 Jahren frei. Das burgähnliche Bauwerk im Stadtzentrum beherbergt bereits seit 1916 Schwedens einziges Design- und Kunsthandwerksmuseum. Über 50.000 Exponate flankieren die menschliche Entwicklungsgeschichte vom Fernen Osten des Jahres 2000 v. Chr. bis hin zum Zentraleuropa des 21. Jahrhunderts. Wechselnde Ausstellungen zu Spezialthemen runden dieses interessante Museum ab. Cafeteria und Museumsshop.

M 22 [G6] **Sjöfartsmuseet Akvariet (Seefahrtsmuseum),** Karl Johansgatan 1–3, Tel. 031 3683550, www.sjofartsmuseum.goteborg.se, Di.–So. 10–17 (Mi. bis 20 Uhr), Eintritt: 40 Skr (die ein Jahr gültige Göteborger Museumskarte), unter 25 Jahren frei. Das Seefahrtsmuseum teilt sich das Gebäude mit dem Aquarium. Eine Dauerausstellung mit beeindruckenden Schiffsmodellen, dreidimensionale Darstellungen von Seeschlachten der frühen Neuzeit, die schwedische Auswanderung nach Amerika oder das Werftensterben der 1970er/80er-Jahre werden im Museum thematisiert. Leider sind die Erläuterungen zumeist nur auf Schwedisch. Das Göteborger Aquarium, das sich im gleichen Gebäude befindet, vermittelt einen netten Eindruck über das Leben in tropischen wie auch heimischen Meeren und besonders bei den Kleinen sehr beliebt ist.

M 23 [O7] **Världskulturmuseet (Weltkulturmuseum),** Södra Vägen 54, Tel. 010 4561179, www.varldskulturmuseet.se, Di.–Fr. 12–17 (Mi. bis 20), Sa.–So. 11–17 Uhr, Eintritt: frei. Mit einem frischen und mutigen Ansatz eröffnete man 2004 das Weltkulturmuseum. Nicht mehr der klassische Bildungsanspruch steht im Vordergrund, sondern eine teils interaktive Präsentation ungewöhnlicher Themen war und ist das Kennzeichen des Weltkulturmuseums. Themen wie Voodoo, Globalisierung oder afrikanische Skulpturenkunst locken inzwischen jährlich über 200.000 Besucher an. Vorträge, Seminare, Aufführungen und Filme runden das abwechslungsreiche Programm ab. Kleine Snacks gibt es im Museumsrestaurant „Tabla“.

M 24 **Volvo-Museum,** Arendal Skans, erreichbar mit den Straßenbahnen 5, 6 oder 10 Richtung Eketrägarden, Hisningen, dort dann den Bus 32 Richtung Volvo Torslanda nehmen, aussteigen an der Haltestelle Arendal Skans (Fahrzeit ca. 35 Minuten) und dann noch ca. 100 m zu Fuß; von Ende Juni bis Anfang August ist das Museum auch per Boot aus der Innenstadt erreichbar (Infos: www.goteborgshamntur.se), www.volvomuseum.com, Tel. 031 664814, Mo.–Fr. 10–17, Sa./So. 11–16 Uhr, Eintritt: 100 Skr, 16–19 Jahre 50 Skr, 6–15 Jahre 25 Skr, Familienkarte (2 Erwachsene und Kinder) 200 Skr. Im Jahr 1927 wurde in Göteborg eine kleine Automanufaktur gegründet, die sich nach dem Zweiten Weltkrieg zu einem der bekanntesten Imageträger Schwedens aufschwingen sollte: Volvo! Über 100 Volvo-Fahrzeuge von der Gründerzeit bis heute sind im Museum zu bestaunen. Seit 2014 kann man auch die knallroten Dienstkarossen – selbstverständlich mit ebenso knallrotem Interieur und selbstverständlich Volvos – des langjährigen Firmenbosses Pehr Gustaf Gyllenhammar bestaunen. Manchmal haben Wirtschaftbosse doch einen sehr eigenen Geschmack ...

Kunstgalerien

G 25 [M6] **Galleri Åberg,** Götabergsgatan 24, Tel. www.gallerinilsaberg.se, 0735 020612, Mi.–Fr. 12–18, Sa./So. 12–16 Uhr. Seit über vier Jahrzehnten präsentiert die Familie Åberg hier moderne Kunst und sorgt – inzwischen in der zweiten Generation – dafür, dass talentierte junge Künstler aus dem Norden mit potenziellen Käufern zusammentreffen. Aus der Portokasse sind die meisten Werke jedoch nicht zu finanzieren.

G 26 [J7] **Galleri Box,** Kastellgatan 10, Tel. 031 132037, www.galleribox.se, Di.–Do. 13–17, Sa.–So. 12–16 Uhr. Jedes Jahr präsentiert die Galleri Box, die zentrumsnah an der Festungsanlage Skanska Kronan liegt, zehn bis zwölf Ausstellungen verschiedender Künstler. Dabei steht moderne und postmoderne Kunst im Fokus.

G 27 [B9] **Röda Sten Konsthall,** Röda Sten 1, Straßenbahnlinie 3 und 9 bis Haltestelle Vagnhallen Majorna, Unterführung unter der Schnellstraße nutzen und der Beschilderung Richtung „Klippan“ folgen oder mit der Hafenfähre „Älvsnabben“ bis zur Endhaltestelle „Klippans Färjeläge“ fahren, Tel. 031 120816, www.rodasten.com, Di.–Fr. 12–17 Uhr (Mi. bis 20 Uhr), Sa./So. 12–18 Uhr, im Sommer erweiterte Öffnungszeiten, Eintritt 40 Skr (bis 25 Jahre frei). Von außen sieht das mit viel Graffiti verzierte Hauptgebäude, das genau unter der Älvsborgsbron liegt, auf den ersten Blick eher wie ein Abbruchprojekt aus. Doch der Schein täuscht. Im Herbst 2015 war das Kulturzentrum Röda Sten erneut integraler Bestandteil der Göteborger Kunstbiennale und wechselnde Ausstellungen überraschen die Besucher immer wieder. Ein angeschlossenes kleines Restaurant sorgt für das leibliche Wohl.

Kunst im öffentlichen Raum

Wenn man es genau nimmt, begann das Kapitel „Kunst im öffentlichen Raum" in Göteborg – wenn auch sicherlich ungeplant – im Jahr 1854 auf dem Gustav Adolfs Torg 7 mit der Errichtung des Denkmals des schwedischen Königs und Stadtgründers Gustaf Adolf II. Waren es in den folgenden Jahrzehnten zumeist Skulpturen berühmter Persönlichkeiten aus Politik, Wirtschaft und Kultur, so wandelte sich das Bild im Verlauf des 20. Jahrhunderts. Der vom Gleichstellungsgedanken getragene Demokratisierungsprozess verschob den Fokus weg von „Heldendarstellungen" zu mehr allgemein-gesellschaftlichen Themenfeldern.

In Göteborg findet man **über 250 öffentliche Kunstwerke**, die diese Entwicklungsgeschichte der letzten 160 Jahre nachzeichnen. Das gesellschaftliche Bewusstsein hierfür ist in Göteborg sehr ausgeprägt: Bei jedem Bauprojekt von städtischer Hand werden qua Erlass 1% des Finanzbedarfs für „künstlerische Ausgestaltung" beiseitegelegt. Ökonomisch flankiert werden die städtischen Kunstanstrengungen von privater Hand, insbesondere vom **Charles Felix Lindberg Fond.** Der Namensgeber des Fonds war ein sehr wohlhabender Geschäftsmann Göteborgs, der der Stadt Göteborg nach seinem Tod 1909 sein Vermögen mit der Bedingung vermachte, es ausschließlich „für die Verschönerung der Stadt" einzusetzen.

So verwundert es wenig, dass man auf Schritt und Tritt über Kunst im öffentlichen Raum stolpert – man muss nur die Augen offen halten!

Die tschechisch-schwedische Künstlerin Ivana Machackova schuf das Granitkunstwerk „Fisk" (dt. Fisch)

078gb Abb.: ld

KURZ & KNAPP

Evert Taube

Nicht nur im Hafen von Göteborg (s. Foto S. 81), sondern auch an zwei Standorten in Stockholm existieren Denkmäler von Evert Taube. Und seit Ende 2015 findet man sein Konterfei sogar auch auf den neuen 50-Kronen-Noten. Wer war der in Schweden scheinbar so berühmte Mann?

Er wurde 1890 in Göteborg als viertes Kind der Seefahrer- und Leuchtturmwächterfamilie Taube geboren. Nach einer glücklichen Kindheit auf der Schäreninsel Vinga zog es den begabten jungen Mann in die feierfreudigen Stockholmer Künstlerkreise. Die Ausschweifungen seines Sohnes kamen dem besorgten Vater zu Ohren und er stellte ihm ein Ultimatum: Entweder sollte er auf ein Internat gehen oder Seemann werden. Der abenteuerlustige Evert entschied sich für das Meer. Nach einigen Jahren als Matrose und diversen Reisen begann er ab 1918 wieder künstlerisch in Schweden zu arbeiten. Dabei war er sowohl als Schriftsteller wie auch als Musiker sehr schnell sehr erfolgreich. Gut dotierte Schallplattenverträge und lukrative Angebote von Verlagen und Zeitungen machten ihn bereits in den frühen 1930er-Jahren zu einem reichen und in ganz Schweden populären Künstler. Mit dem Aufkommen des Fernsehens kannte ihn schließlich jedes Kind und seine selbst geschriebenen und vorgetragenen Lieder waren an Popularität nicht zu übertreffen – er war und ist der schwedische Volkspoet des 20. Jh. Auch 40 Jahre nach seinem Tod (1976) werden seine Songs noch immer live gespielt – besonders von seinem Sohn Sven-Bertil.

Göteborg für Genießer

Essen und Trinken

Bevor man sich aufmacht, die kulinarischen Höhepunkte und Geheimnisse Göteborgs zu entdecken und zu genießen, sollte man sich einige **Besonderheiten der schwedischen Gastronomie** vor Augen halten.

Dem Reisenden wird wahrscheinlich zuerst die **Fülle an Fast-Food-Ketten und Imbissständen** auffallen. Neben der vertrauten Marken wie McDonald's, Burger King, Kentucky Fried Chicken oder Pizza Hut findet man auch zahlreiche schwedische Vertreter dieser oder ähnlicher Ausrichtung wie zum Beispiel Saffet's, Sybilla oder MAX. Zusätzlich bereichert wird dieses Angebot durch Kebab-Buden, Schnellimbisse *(Gatukök)* oder die schnelle Bauchladenvariante von der Straße. Hier locken vor allem verschiedenste Hotdog-Variationen *(Korv)* den hungrigen Touristen.

Bevorzugt man allerdings eine niveauvollere Art der Nahrungsaufnahme, so hat man die Qual der Wahl: In Göteborg wird man sowohl auf eher schwedisch ausgerichtete Küche als auch auf eine Vielzahl internationaler Restaurants unterschiedlichster Couleur treffen. Auch Speisekarten mit sowohl **schwedischen als auch internationalen Gerichten** sind nicht untypisch. Einfachere Gerichte werden dabei – ähnlich wie bei uns – als *Husmanskost* (Hausmannskost) bezeichnet.

Die Übergänge hinsichtlich der Kategorisierung greifen ineinander: In guten Bars bekommt man auch exzellentes Essen, in anspruchsvollen Restaurants trifft man wie selbstverständlich auf eine gut sortierte Bar und Musik.

Beachtet werden sollte, dass man in einigen Lokalen, vor allem in den gut besuchten Cafés der Innenstadt, von einem freundlichen Kellner **am Eingang empfangen und zum Platz geführt** wird. Schilder im Eingangsbereich mit dem Begriff *Hovmästeren* oder *Bordsplacering* weisen darauf hin.

Trinkgeld ist nicht unüblich, liegt aber natürlich im eigenen Ermessen. Wenn man mit seinem Essen und dem Service zufrieden ist, sind 10 bis 15 Prozent der Rechnung *(räkning)* durchaus angebracht; in Bars reicht aber beispielsweise auch das Aufrunden des Betrags.

Bezüglich der **Öffnungszeiten** sollte man auch ganz genau hinschauen: Da viele Schweden in der Sommerzeit verreisen oder die langen Tage nutzen, um einen Abstecher in die Natur zu unternehmen, bleiben in den Sommermonaten einige Restaurants ganz geschlossen.

Äußerst bemerkenswert ist zudem, dass die Schweden – trotz oder gerade wegen des Klimas? – Weltmeister im **Eisverzehr** sind. Damit dies auch so bleibt, steht ein Eisgenuss geradezu auf dem Pflichtprogramm. Dabei ist das Softeis vorzüglich und auch das von den Dänen „abgeschaute" *Gammeldags Is* mit den großen Kugeln und den gigantischen Waffeln ist jede einzelne Kalorie wert.

Schwedische Küche

Die schwedische Küche weist interessante **Besonderheiten und Spezialitäten** auf, von denen man als Besucher des Landes zumindest einige probiert haben sollte. Zuallererst fällt einem dabei das *smörgåsbord* (wörtlich: „Butterbrottisch") ein, ein mehr als umfangreiches Büfett, welches mit allerlei kalten und warmen Köstlichkeiten aufwartet. In der Weihnachtszeit steht dann die noch exquisitere Variante, das *julbord,* auf dem Speiseplan. Speziell zur Weihnachtszeit gehören auch *lussekattar* (goldgelbe Safran-Hefe-Teilchen), *pepparkakor* (schwedischer Pfefferkuchen mit Ingwergeschmack), *glögg* (die schwedische Glühweinvariante) sowie *lutfisk* (ein getrockneter und anschließend in einer Lauge eingelegter Meeresfisch) geradezu zum Pflichtprogramm.

Spätestens seit IKEA kennt man auch in Deutschland *köttbullar,* kleine Hackfleischbällchen, die man mit Kartoffelpüree *(mos),* Ketchup oder (süßem) Senf *(senap)* verzehrt. *Pytt i panna* besteht aus gewürfelten Wurst- und Fleischstückchen, Kartoffeln, Zwiebeln und Roter Bete, welches abschließend noch mit einem Spiegelei verfeinert werden kann. Ein anderes **schwedisches Nationalgericht** ist *Janssons frestelse* („Janssons Versuchung"). Inwieweit dies eine wirkliche Versuchung darstellt, mag jeder selbst beurteilen. Der Sahneauflauf lockt letztendlich mit einer Mischung aus Kartoffeln, Zwiebeln und Anchovis.

Bei einem Besuch in Schweden liegt zudem nichts näher, als sich auch einmal an **Elch-** *(älg)* **oder Rentiergerichte** *(ren)* heranzuwagen. Gereicht werden diese Speisen gern mit Kartoffeln *(potatis)* und Preiselbeeren *(lingon).* Mindestens genauso schwedentypisch sind *knäckebröd,*

Gastro- und Nightlife-Areale
Bläulich hervorgehobene Bereiche in den Karten kennzeichnen Gebiete mit einem dichten Angebot an Restaurants, Bars, Klubs, Discos etc.

013gb Abb.: ld

das leckere Knäckebrot, das es hier in allen Variationen zu geben scheint, und *falukorv,* die mehr als rote Fleischwurst, die ihren Namen der Ursprungsstadt Falun zu verdanken hat. Ein *hamburgaretallrik* bezeichnet einen riesigen, kaum zu bewältigenden Hamburger mit Pommes als Beilage, dem mit Messer und Gabel zu Leibe zu rücken ist.

Aufgrund der langen Küstenlinie und der vielen Seen und Flüsse kann Schweden auch mit **zahlreichen hervorragenden Fischspezialitäten** begeistern. *Sill,* der auf unterschiedlichste Art und Weise eingelegte Hering, schmeckt am besten zu Kartoffeln und darf – ebenso wie *räkor* (Krabben) – auf keinem *smörgåsbord* fehlen. Wer *gravad lax* bestellt, wird sich einen gebeizten Lachs auf der Zunge zergehen lassen können. Der eigentlich aus Nordschweden stammende *surströmming* ist eine Heringsspezialität, die allerdings mit Vorsicht zu genießen ist. Vielleicht ist er ja durchaus etwas für Kenner und Genießer, dennoch sei davor gewarnt: Es handelt sich dabei nämlich um fermentierten Hering. An diesem Gericht scheiden sich folglich die Geister. Für die einen ist es schlicht eine Delikatesse, andere verweigern hierbei konsequenterweise die Nahrungsaufnahme (Exkurs: Surströmming – die Kunst der Fermentierung, s. S. 59). Einen wahren Gaumenschmaus stellt hingegen *kräftor* dar, eine Krebsspezialität, die vor allem zu Beginn der Saison im August zusammen mit viel Schnaps verspeist wird.

⊡ *Frischer Fisch im Überfluss: die Fischkirche* (10) *von innen*

Kulinarischer Tagesablauf

Der Göteborger beginnt seinen Tag mit dem **frukost**, einem Frühstück. Dafür stehen verschiedene Milchprodukte (z. B. auch *filmjölk,* eine saure Milch, vielleicht vergleichbar mit Buttermilch), Müsli, Käse, Aufschnitt, Marmeladen, (zumeist süßes Weiß-) Brot, die wunderbar cremigen Joghurts und natürlich Kaffee zur Auswahl. In den Hotels oder Lokalen findet man häufig ein Frühstücksbüfett vor.

Für die meisten Schweden folgt zur Mittagszeit ihre Hauptmahlzeit, der **lunch.** Entweder speist man à la carte und damit etwas teurer oder aber man wählt das in vielen Lokalen angebotene **Dagens Rätt**, ein günstiges Tagesgericht, das aus einer Hauptspeise, Brot, Salat, einem Getränk und Kaffee besteht. Das *dagens rätt* (oder auch *dagens lunch)* kostet 65–90 Skr und wird meist in der Zeit von 11 bis 14 Uhr (manchmal auch bis 16 Uhr) serviert, jedoch an Wochenenden oft nicht angeboten.

Was für die Briten ihre *teatime,* ist für die Schweden ihr **fika.** Gemäß dieser schwedischen Tradition macht man es sich zur Kaffeezeit gemütlich, was durchaus auch mal länger dauern kann. Entweder trinkt man einen guten und starken Kaffee, eine der zahlreichen Kaffeevariationen oder Tee. Der Kaffee in einem Lokal kann schon mal 20–30 Skr kosten, dann ist allerdings auf *påtår* zu achten, was besagt, dass zumindest eine zweite Tasse nachgeholt werden darf. Eine einzelne Tasse Kaffee kommt natürlich billiger. Dazu isst man Kuchen, Gebäck, Kekse oder auch manchmal ein Sandwich. Das Gebäck in Schweden ist meist süß und gelegentlich sehr farbenfroh. Besonders das aus Dänemark stammende *wienerbröd* (ein Blätterteiggebäck, das nach der österreichischen Hauptstadt benannt ist) ist absolut köstlich.

Das Abendessen in Schweden heißt kurioserweise **Middag.** Die Restaurants *(Restaurang, Värdshus* oder *Krog)* können zu dieser Tageszeit, speziell am Wochenende, gut besucht sein. Daher ist es empfehlenswert, einen Tisch im Voraus zu reservieren. Pizzas kosten um die 70 Skr, ein einfaches Gericht – eine preiswerte Speise findet man auf so gut wie jeder Karte – wird man für ca. 120 Skr bestellen können, für ein 3-Gänge-Menü sollte man zwischen 250 und 400 Skr einkalkulieren. Hinzuzurechnen sind dann noch die Preise für die Getränke.

Getränke

Die Übergänge von einem gepflegten Bier oder Wein zum Essen über einen gemütlichen „Absacker" an der Bar bis hin zum intensiven Nachtleben sind wortwörtlich fließend. Konkrete Empfehlungen für Bars und

KURZ & KNAPP

Schwedisches Bier – eine Klassengesellschaft

Der Verkauf von Bier ist staatlich lizenziert und wird stark überwacht. Diese Alkoholpolitik führt zu einigen Kuriosa, die man als Nicht-Schwede auf den ersten Blick nicht versteht. So gibt es die meisten in Schweden angebotenen Biere in drei unterschiedlichen Klassen zu kaufen: Klasse I, II oder III! Die **Klasseneinteilung erfolgt hierbei nach dem Alkoholgehalt** des Hopfengetränks. Die Klassen I und II sind noch frei in jedem normalen Supermarkt erhältlich und kommen auf maximal 2,25 Vol % *(lättöl)* respektive 3,5 Vol% *(folköl).* Den Porsche unter den Bieren stellt die Klasse III mit 3,5 Vol % oder mehr dar. Dieses Bier darf sich dann auch *starköl* nennen, wird aber konsequenterweise nur noch in den staatlichen Alkoholläden *Systembolaget* vertrieben (s. S. 67).

014gb Abb.: ld

Kneipen finden sich im entsprechenden Kapitel (s. S. 65). Außerdem sind **einige generelle Informationen** hilfreich:

Alkoholfreie Getränke sind in Gaststätten kostenlos (Leitungswasser) oder kosten um die 25 Skr (Cola, Limonade etc.; schwedischer Sammelbegriff: *Läsk*). Für ein Glas Bier (0,4 l, Klasse III) sind ca. 60 Skr einzurechnen. Wein wird auch in Schweden immer beliebter. Ein Glas Wein zum Essen kostet ca. 70 Skr, für eine Flasche muss man ab 250 Skr (und aufwärts!) einkalkulieren.

Freunden des Hochprozentigen ist in Schweden selbstverständlich ein Wodka ans Herz zu legen. Wenn es auch eine kleine Herausforderung für die Urlaubskasse sein kann – ein Wodka wird in einer Bar ab 60 Skr kosten –, so führt doch an einem Absolut oder einem Finlandia (auch wenn dies kein schwedisches Produkt ist) kaum ein Weg vorbei.

Schwedischer Absolut Vodka – ein hochprozentiger Tropfen in vielen Geschmacksrichtungen

Das Mindestalter für den Alkoholausschank beträgt in Schweden 18 Jahre, allerdings machen viele Bars oder Klubs von möglichen Ausnahmeregelungen Gebrauch, das Mindestalter wird dann beispielsweise auf 20 oder 23 Jahre angehoben. Gaststätten mit einer Schanklizenz machen dies durch einen Aushang *Fullständiga Rättigheter* kenntlich.

Empfehlenswerte Lokale

Schwedische Küche

28 [M6] **Familjen** €€-€€€, Arkivgatan 7, Tel. 031 207979, www.restaurangfamiljen.se, Mo.–Do. 18–24, Fr.–Sa. 17–1 Uhr. Nur wenige Gehminuten von der Avenyn entfernt liegt das Restaurant Familjen, das die schwedische Küche hochleben lässt, ohne dabei das Portemonnaie zu überlasten: Das Spektrum reicht vom liebevoll kredenzten Spargelteller bis hin zum ausgewogenen Dreigängemenü.

29 [O6] **Heaven 23** €€€, im Hotel Gothia Towers, Mässans Gata 24, westl. Turm, 23. Etage, www.heaven23.se, Tel. 031 7508805, Restaurant: tägl. 11.30–14 (Sa./So. erst ab 12) und 17–23 Uhr (am So. nur bis 22.30 Uhr), Bar: Mo. 11.30–24, Di.–Do 11.30–1, Fr. 11.30–2, Sa.

Restaurantkategorien

€	bis 100 Skr (ca. 10 €)
€€	100–200 Skr (ca. 10–21 €)
€€€	200–300 Skr (ca. 21–31€)
€€€€	über 300 Skr (ca. 31 €)

Preis für ein Hauptgericht ohne Getränke

12–2, So. 12–24 Uhr. Hier gibt es zwei in einem: einerseits das exquisite Restaurant mit schwedischer wie auch internationaler Küche (Hauptgerichte ab 250 Skr) und andererseits die Bar und Lounge Heaven 23. Von Bar und Restaurant hat man gleichermaßen einen brillanten Ausblick aus 70 m Höhe auf die Stadt; freitags und samstags legt in der Bar ein DJ auf.

30 [K6] **Hemma hos ...** €€, Haga Nygata 12, www.hemmahoshaga.se, Tel. 031 134090, Mo.–Do. 16–23, Fr. 15 bis spät, Sa. 12 bis spät, So. 12–22 Uhr. Hinter den roten Baldachinen von *Hemma hos ...* („Zu Hause bei ...") verbirgt sich eine kulinarische Schwedentour im Miniaturformat. Gerichte, deren Rezepte aus ganz Schweden zusammengetragen wurden, werden hier serviert. Die Portionen sind eher klein und übersichtlich, deshalb kann man sich durchaus durch mehrere schwedische Provinzen essen.

EXTRATIPP

Dinner for one

Für hungrige Alleinreisende empfiehlt sich der Besuch von Pubs oder Restaurants im mittleren Preissegment. Hier wird man als Single-Esser nicht schief angeschaut und es geht oft lebhafter zu. Und wenn es gewünscht wird, kommt man hier auch schneller in Kontakt mit anderen Gästen. Das **Flying Barrel** (s. S. 58) ist diesbezüglich zu empfehlen, ebenso das **Joe Farelli's** (s. S. 58). Im **The Dubliner** (s. S. 65) ist man allein auch gut aufgehoben und das Pubambiente ist ausgesprochen irisch-gemütlich.

31 [J7] **Karlsson's Garage & Bar** €€, Linnégatan 54, www.karlsonsgarage.com, Tel. 031 421115, Mo.–Do. 16–24, Fr. 15–1, Sa. 13–1, So. 13–24 Uhr. Rustikales Restaurant, in dem die zumeist schwedischen Gerichte üppig portioniert und sehr schmackhaft sind; in der angegliederten Bar kann man nach dem Essen noch den abendlichen Absacker zu moderaten Preisen genießen.

32 [M5] **Kometen** €€€, Vasagatan 58, www.restaurantkometen.se, Tel. 031 137988, Mo.–Do. 11.30–14 und 17–21.30, Fr. 11.30–21.30, Sa. 12–21.30, So. 13–20 Uhr. Auch wenn „Der Komet" in den 1930er-Jahren von einem Österreicher gegründet wurde, so ist die Küche doch durch und durch schwedisch. Besonders Schriftsteller, Künstler und sonstige Kulturschaffende kehren hier gern ein und bestellen sich die üppigen Fisch- und Fleischgerichte.

33 [J7] **Linnéterrassen** €€, Linnégatan 32, Tel. 031 240890, www.linneterrassen.se, So.–Di. 16–24, Mi./Do. 16–1, Fr./Sa. 16–2 Uhr. Innen besticht die historische Holzvilla Ideborg, in der die Linnéterrassen seit 2005 beheimatet sind, durch absolut gediegenes, fast schon schlossartiges Ambiente. Eindrucksvoll ist auch die ausladende Terrasse, die im ersten Stock einen tollen Überblick über die Linnégatan gewährt. Der Schwerpunkt im Restaurant liegt auf heimischer Küche, neun Fassbiersorten und 65 Weine runden das Angebot ab.

34 [J7] **Restaurang Hos Pelle** €€–€€€, Djupedalsgatan 2, Tel. 031 121031, www.hospelle.com, werktags 11.30–14 und Di.–Do. 18–23, Fr./Sa. 17.30–24 Uhr. Bei Pelle wird schwedische Hausmannskost auf gehobenem Niveau serviert. Auf der kleinen, aber feinen Speisekarte stehen Fisch- und Fleischgerichte im Fokus, aber auch vegetarische Speisen sind erhältlich. Ein festes Viergängemenü (mit Fleisch oder vegetarisch) ist ebenfalls erhältlich, außerdem gibt es von Mo. bis Fr. (11.30–14 Uhr) ein schmackhaftes Lunch-Angebot.

35 [M5] **Ritz** €€€, Bastionsplatsen 2, Tel. 031 139590, www.ritzgbg.se, Mo.–Sa. 11.30 Uhr bis spät, So. 11.30–17 Uhr. Ein guter Name verpflichtet: stilvolles Restaurant mit einer vorzüglichen Küche, die sowohl schwedische wie auch internationale Gerichte serviert. Im Sommer mit Blick auf den Vallgraven und die grünen Parkanlagen dahinter – fast mediterran. Mittags wird ein Spitzenlunch für 120 Skr aufgetischt (nur Mo.–Fr. 11.30–15 Uhr). Am Wochenende auch mit Klub und einem Musikmix aus New Wave, Indie, Punk und Pop.

36 [D6] **River** €€-€€€, Dockepiren (Eriksberg), www.riverrestaurant.se, Tel. 031 510000, Di.–Fr. 11.30–14 (Lunch) und Di.–Sa. ab 18 Uhr. Das „River“ hat eine 1a-Lage: auf einem Pier im Götaälv gelegen, von (fast) allen Seiten vom Wasser umgeben – da fahren einem die mächtigen Kiel-Fähren fast über den Tisch. Preislich-kulinarisch ein Schnäppchen sind die wechselnden Lunch-Menüs (169 Skr) inkl. Salat- und Dessertbüfett!

37 [M6] **Tvåkanten** €€€, Kungsportsavenyn 27, www.tvakanten.se, Tel. 031 182115, Mo. 16–23, Di./Mi. 11.30–23, Do. 11.30–24, Fr. 11.30–1, Sa. 13–1, So. 16–23 Uhr. Im 2014 frisch renovierten Ambiente des „Zweiecks“ gibt die „moderne schwedische Küche“, so die Eigenwerbung, den Ton an. Im Vergleich zu den umliegenden Kneipenrestaurants etwas höherpreisig (Hauptgerichte an die 300 Skr), dafür aber auch exklusiveres Angebot. Mit ruhiger Bar und *Dagens Lunch* (Di.–Fr. 11.30–15, Sa. 13–16 Uhr) für 125 Skr. Außerdem werktägl. 15–20 Uhr After-Work-Partys.

EXTRATIPP

Frühstück und Brunch

Am Wochenende, besonders nach einer längeren Nacht, wird die erste Nahrungsaufnahme des Tages zeitlich gern mal ein wenig nach hinten verlegt. Dabei darf das Frühstück oder der Brunch auch ruhig deftiger ausfallen. Hier folgen einige Tipps für späte und üppige Frühstücksmöglichkeiten:

- Im **Ritz** zahlt man für das Brunchbüfett zwar saftige 245 Skr (Sa. 11–16, So. 11–17 Uhr), dafür wird aber auch wirklich alles geboten und wer das Etablissement anschließend nicht pappsatt verlässt, ist selber Schuld (siehe links).
- Etwas bescheidener kommt das Brunchangebot im **Café Ethel's** (s. S. 62) daher (allerdings auch im Preis!), es ist aber auf jeden Fall einen Besuch wert (werktäglich 9–12, Sa. 10–13, So. 10–14 Uhr).
- Im **Joe Farelli's** (s. S. 58) wird jeden Sonntag von 11.30 bis 16 Uhr ein amerikanischer Brunch aufgetischt – für 245 Skr (Kinder 99 Skr) ist man dabei. Der amerikanische Brunch ist eher etwas für Freunde der deftigen Küche, die ihren Kalorienzähler zu Hause gelassen haben: es gibt u. a. Rührei, Speck und sogar Spare Ribs
- Einen eher US-amerikanisch gefärbten Brunch erhält man im **Egg & Milk** (s. S. 63). Hier muss der Gast noch selbst aktiv werden, die Bagels persönlich kreieren und den Pfannkuchenaufstrich auswählen – also nichts für morgendlich Unentschlossene.

Internationale Küche

38 [J8] **Bellini** €€-€€€, Nordenskiöldsgatan 14, www. restaurangbellini.se, Tel. 031 246124, Mo.-Do. 17-22, Fr. 17-24, Sa. 15-24 und So. 13-22 Uhr. Klassische italienische Küche mit Fleisch, Fisch und einer Vielzahl an unterschiedlichen Pastagerichten, die mit Liebe zum Detail serviert werden. Gutes und reichhaltiges Weinangebot

39 [M5] **Brasserie Lipp** €€€, Kungsportsavenyn 8, www.brasserielipp.se, Tel. 031 105830, Mo.-Sa. ab 11.30 Uhr (So. 12-16 Uhr Brunch). Variables „Dagens Lunch" in der Preisklasse um die 100 Skr; abends leckere Gerichte à la carte mit französischem Einschlag, auch geeignet, um nur ein Bier zu trinken und von der Terrasse aus einen Blick auf die Flanierer auf der Avenyn zu werfen.

40 [M6] **Flying Barrel** €€, Kristinelundsgatan 3, www.flyingbarrel.se, Tel. 031 181300, Mo.-Do. 16-24, Fr. 16-2, Sa. 13-2, So. 13 Uhr bis spät. Die Speisekarte ist gut durchmischt und bietet für jeden etwas. Auf zwei Etagen wird in englischem Ambiente gegessen und getrunken, sehr lebendiges Restaurant (oder Kneipe). Live-Sportübertragungen auf mehreren Bildschirmen.

41 [M5] **Joe Farelli's** €€-€€€, Kungsportsavenyn 12, www.joefarelli.com, Tel. 031 3481140, Mo.-Do. 11.30-24, Fr. 11.30-2, Sa. 12-2, So. 12 Uhr bis spät. Italienisch-amerikanische Küche zwischen Pasta, Burger und Fleisch vom Grill prägt das Angebot im Farelli's. Auch die Bar zieht durstige Gäste an und Sportereignisse können live mitverfolgt werden. Klasse ist das Brunchbüfett sonntags zwischen 11.30 und 16 Uhr.

42 [K5] **Kobe Sushi Bar** €, Stora Badhusgatan 14, Tel. 031 133630, www.kobesushi.se, Mo.-Fr. 11-20 Uhr. Klassisches japanisches Restaurant, das aus der fast unübersichtlichen Flut der Sushirestaurants in Göteborg (und ganz allgemein in Schweden) herausragt. Die nette Inneneinrichtung und die tolle Lage mit Blick auf die Hafenanlagen am Götaälv sind sehr einladend. Frisch zubereitetes Sushi und preiswerte Lunch-Angebote (11-15 Uhr) sind weitere Argumente für Kobe Sushi.

EXTRATIPP

Restaurants mit Aussicht

Ein echter Gaumenschmaus wird oft durch das entsprechende Ambiente noch verfeinert. Dazu gehört auch die Aussicht, die der Restaurationsbetrieb zu bieten hat. Diesbezüglich unschlagbar dürfte das **Heaven 23** (s. S. 55) mit Blick aus dem 23. Stockwerk sein. Bodenständig, aber auch mit Aussicht, ist die **Brasserie Lipp** (s. links), die auf Sehen und Gesehen werden fußt. Die Terrasse des **Lilla London** (s. S. 65) bietet ebenso einen Blick auf die Flaneure und Passanten wie die **Linnéterrassen** (s. S. 56).

43 [L6] **Lai Wa** €€, Storgatan 11, Tel. 031 131298, www.lai-wa.se, Mo.-Fr. 15-22 Uhr, Sa. 12-22 Uhr, So. 12-21 Uhr. Wer Lust auf Fernöstliches hat, ist hier am richtigen Ort. Die ganze Palette der chinesischen Küche wird in durchaus üppigen Portionen serviert.

44 [L5] **Ma Cuisine** €€€, Kyrkogatan 32, Tel. 031 7117711, http://macuisine.nu, Mo.-Do. 11-24, Fr./Sa. 11-1 Uhr. Ein typisch französisches Restaurant im Herzen von Göteborg, in dem neben klassischen Hauptgerichten auch kleinere Bistrosnacks bestellt werden können. Die französische Plakatkunst an den Wänden scheint besonders bei einem Publikum mittleren Alters anzukommen.

45 [K5] **Mediterraneo** €€€, Västra Hamngatan 15, Tel. 031 7014900, www.restaurangmediterraneo.se, Mo.-Do. 11-23, Fr. 11-24, Sa. 11.30-24,

So. 12–22 Uhr. Der Name verrät bereits alles: Die Küche rund ums Mittelmeer wird hier aufgetischt, wobei das Gros der Speisen aus Italien stammt. Die Preisspanne der Gerichte ist sehr groß, Fleisch- und Fischgerichte liegen jenseits der 200 Skr, die Pastagerichte deutlich darunter. Lunchangebote werktäglich 11 bis 15 Uhr.

46 [I8] **Pasta Haus** €€, Nordenskiöldsgatan 25, www.pastahaus.se, Tel. 031 242711, Mo.–Do. 11–22, Fr. 11–23, Sa. 12–23, So. 12–22 Uhr. Auch wenn im Namen ein deutsches „Haus“ auftaucht, so ist die Küche doch zu 100 % in italienischer Hand. Ausgesprochen köstliche Gerichte: Ein besonderer Tipp ist das *Dagens Lunch* (serviert von 11 bis 15 Uhr, 95 Skr), bei dem Salatbüfett, Brot und Butter sowie Kaffee und alkoholfreie Getränke inkludiert sind.

47 [I6] **Sondha Indisk Restaurant** €, Fjärde Långgatan 28A, Tel. 031 122409, Mo.–Do. 11–21, Fr. 11–22, Sa. 13–22, So. 13–21 Uhr. Liebevoll zubereitete indische Gerichte, die von ausgesprochen freundlichem Personal serviert werden. Große Anzahl vegetarischer Gerichte in der Speisekarte.

48 [N6] **Tien-Tsin** €€, Engelbrektsgatan 34b, Tel. 031 162647, www.tientsin.se, Mo.–Do. 11–22, Fr. 11–23, Sa. 12–23, So. 13–22 Uhr. Köstliches chinesisches Essen, bei dem Qualität und Preis (zum Glück) weit auseinander klaffen. Klassische Gerichte von Frühlingsrolle bis Pekingente und populäres Lunchbüfett.

Surströmming – die Kunst der Fermentierung

In vielen Ländern dieser Erde gibt es kulinarische Spezialitäten, die nur (bis auf wenige Ausnahmen) die Einheimischen zu schätzen wissen. Besucher und Zugereiste drehen sich meist schaudernd ab von den gebratenen Ratten, den frittierten Maden oder den knusprigen Vogelspinnen. In Schweden heißt eine solche ***„Ekel-Delikatesse“*** *Surströmming und ist sicher in Konservendosen gelagert. In den Dosen befinden sich ausgewachsene Heringe, die bereits mehrere Gärungsstufen durchlaufen haben.*

Nach dem Fang im Frühjahr werden sie über acht bis zehn Wochen in einer Salzlake gelagert, bevor sie im Juli eingedost werden. Dort geht der Fermentierungsprozess jedoch mindestens vier Wochen weiter, bis traditionell am dritten Donnerstag im August die Surströmming-Saison eröffnet wird. Als Gütesiegel für den passenden „Reifegrad“ der verrotteten Heringe zieht man die Konservendosen zu Rate: Sind sie kräftig ausgebeult, ist der Fisch verzehrfertig.

Als Vorsichtsmaßnahme sollten die Dosen nur unter Wasser geöffnet werden, da die herausspritzende Fermentationsflüssigkeit einen durchdringend ***penetranten Gestank*** *verbreitet, mit dem man sich in seinem sozialen Umfeld sicherlich keine Freunde macht. Auf dünnem Brot mit roten Zwiebeln, kleinen Kartoffeln und einer Soße aus saurer Sahne wird der Surströmming zumeist serviert, dazu wird gern Milch und Schnaps gereicht. Guten Hunger! Anmerkung am Rande: auch Freunde des Surströmmings sollten beachten, dass es seit einigen Jahren bei British Airways und Air France verboten ist, entsprechende Konservendosen im Flugzeug mitzuführen, da angeblich Explosionsgefahr besteht.*

49 [J6] **Yammy Yammy** €, Andra Långgatan 5, www.yammyyammy.se, Tel. 031 127355, Mo.–Do. 15–22, Fr. 15–23, Sa. 12–23, So. 12–22 Uhr. Unter der Führung von „Meister Kim“ hat sich das Yammy Yammy zu einem der feinsten fernöstlichen Restaurants der Stadt gemausert. Koreanische und japanische Spezialitäten, die so köstlich zubereitet sind, dass hier manchmal sogar asiatische Reisegruppen eine Pause einlegen, dominieren die bebilderte Speisekarte. Tipp: die Bulgogi-Menüs.

Vegetarisch

Rein vegetarische Restaurants findet man in Göteborg nicht viele, jedoch gibt es auf den meisten Speisekarten der „normalen“ Restaurants mindestens eine Handvoll an Nicht-Fleisch- oder Nicht-Fischgerichten. Sprachlich kann man sich auch gut verständlich machen, da die schwedische Entsprechung ganz einfach „vegetarisk“ lautet.

50 [L4] **Andrum** €, Östra Hamngatan 19a, Tel. 031 138504, Mo.–Fr. 11–22, Sa.–So. 12–21 Uhr. Im Herzen der Innenstadt gelegen, kann man hier bei einem Einkaufsbummel flugs einkehren. Als *Dagens Lunch* gibt es täglich ein umfangreiches Büfett mit köstlichen Brotvariationen und großer Salattheke.

51 [J6] **En Deli Haga** €, Haga Nygata 15, www.endelihaga.se, 031 7115795, Mo.–Fr. 10–20, Sa./So. 10–18 Uhr. Abwechslungreiche vegetarische Gerichte mit einem Touch Naher Osten werden direkt im Herzen des historischen Stadtviertels Haga serviert. Preise pro Gericht zwischen 75 und 95 Skr.

52 [E7] **Govindas** €, Karl Johansgatan 57, www.govindas-goteborg.se, Tel. 031 421642, Mo.–Fr. 11.30–15 Uhr. Sehr indisch, sehr lecker und fleischlos sind die Speisen im Lunchrestaurant Govindas. Und wer es ganz authentisch indisch mag, der kann sogar auf Kissen an den niedrigen Tischchen Platz nehmen. Mit 80 Skr p. P. auch preislich sehr attraktiv.

53 [O7] **Sattva** €, Södra Vägen 73, Tel. 031 132070, tägl. 11.30–15.30 Uhr. Das „Sattva“ liegt zwar etwas in der Peripherie des Stadtzentrums – genau gegenüber dem Weltkulturmuseum – , bietet aber ein breites Spektrum vegetarischer Köstlichkeiten aus aller Welt an. *Dagens Lunch* inkl. Brot, Butter und Salat 75 Skr.

54 [J6] **Solrosen** €, Kaponjärgatan 4a, Tel. 031 7116697, Mo.–Do. 11.30–22.30, Fr. 11.30–23.30, Sa. 13–23.30, So. 14–19.30 Uhr, geschl.: in den Sommermonaten sonntags. Das „Solrosen“ (Sonnenblume) ist das älteste vegetarische Restaurant der Stadt. Besonders bei Studenten beliebt, strahlt es den Retro-Charme einer urigen Nachbarschafts-Eckkneipe aus. Aber nicht täuschen lassen: Die ausgezeichneten Tagesgerichte, die direkt am Tresen bestellt werden müssen, werden bis 22 Uhr serviert.

Fischrestaurants

55 [K4] **Fiskekrogen** €€€-€€€€, Lilla Torget 1, Tel. 031 101005, www.fiskekrogen.se, Mo.–Do. 17.30–22, Fr. 17–22, Sa. 12–22 Uhr. Die Küchenmannschaft des „Fiskekrogen“ ist bereits mit diversen Auszeichnungen und Preisen prämiert worden. Rund um das Thema Meeresfrüchte ist man hier bei einer der Topadressen Schwedens. Gespeist wird in stilvollem ja fast royalem Ambiente: Hauptgericht ab 200 Skr, komplette Menüs ab 500 Skr oder 30 g Kaviar für ca. 800 Skr! Und der Sommelier des Fiskekrogen kann über 400 Weine empfehlen.

56 [K6] **Gabriel** €€, in der Fischkirche, Rosenlundsgatan, Tel. 031 139051, www.restauranggabriel.se, Di.–Do. 11–17, Fr. 11–18, Sa. 11–15 Uhr. Die Atmosphäre ist einmalig und um

frischere Meeresfrüchte zu genießen, müsste man wohl direkt auf dem Fischkutter mitfahren. Krabben, Krebse, Hummer oder Muscheln – im Restaurant „Gabriel" gibt es wirklich alle Köstlichkeiten des Meeres zu relativ moderaten Preisen.

57 [K6] **Sjöbaren** €€-€€€, Haga Nygata 25, Tel. 031 7119780, www.sjobaren.se, Mo.–Do. 11–23, Fr. 11–24, Sa. 12–24, So. 13–22 Uhr. Für Freunde und Liebhaber von Fisch- und Schalentiergerichten ist dieses preislich etwas gehobene Restaurant ein wahrer Magnet. Im Sommer befinden sich im netten Innenhof Tische unter freiem Himmel. *Dagens Lunch* Mo.–Fr. 11–14 Uhr, 110–180 Skr.

58 [C8] **Sjömagasinet** €€€€, Adolf Edelsvärdsgata 5, Tel. 031 7755920, www.sjomagasinet.se, Mo.–Fr. 11.30–14 und 18–22, Sa. 17–22 (angegebene Zeiten gelten nur für die letzte Küchenbestellung, zumeist bis 24 Uhr geöffnet). Straßenbahnlinie 3 und 9 bis Vagnhallen Majorna, Schnellstraßenunterführung nutzen und der Ausschilderung Richtung Klippan folgen. In einem ehemaligen, umgebauten Speicher finden Fischliebhaber eine der Toppadressen der Stadt. Die Zutaten werden täglich auf dem Fischmarkt, der nur 200 m vom Restaurant entfernt liegt, erstanden und könnten somit kaum frischer sein. Im Sommer bietet die Terrasse einen unschlagbaren Blick auf den Götaälv und die Älvsborgsbron. Das alles hat natürlich seinen Preis: Hauptgerichte ab ca. 350 Skr.

Die berühmte Fischkirche 10, *ein Wallfahrtsort für Liebhaber der Meeresfrüchte*

Imbisse

59 [D6] **Fiskehuset Svanen** €, Kvarnpiren (Eriksberg), Tel. 0737 418676, http://fiskhusetsvanen.se, Mo. 11–15, Di.–Do. 10–18, Fr. 10–19, Sa. 10–15 Uhr (bei gutem Wetter auch länger). Frischer Fisch und Schalentiere zu Kilogrammpreisen oder fertige Imbissgerichte werden im Fischhaus angeboten. Besonderer Tipp bei schönem Wetter: die Speisen mitnehmen und draußen an der Mole mit Blick auf den Fluss genießen.

60 [K5] **Jinx** €, Foodtruck vor der Magasingatan 17, Tel. 0730 227920, www.jinxfoodtruck.com, Mo.–Fr. 11.30–14,

Sa. 12–15 Uhr. Der Jinx-Imbiss zeichnet sich durch taiwanesische, vietnamesische oder anderweitige asiatische Gerichte aus, die modern – teils schwedisch, teils westlich-fernöstlich – interpretiert werden. Selbstverständlich gibt es auch diverse vegetarische Kombi-Gerichte im Angebot.

61 [E9] **Korv Kiosk** €, Mariaplan. Am Mariaplan existiert noch ein alter schwedischer Schnellimbiss der ganz alten Schule, der 2010 sogar von der Zeitung Göteborgs Posten zur besten Wurstschmiede der Stadt gekürt wurde! Hier gibt es keine kulinarischen Experimente, sondern nur das, was sich seit Jahrzehnten bewährt hat: *Korv* (Wurst), *kötbullar med mos* (Fleischbällchen mit Kartoffelpüree) oder den guten alten Hamburger.

62 [K5] **Korv United** €, Foodtruck vor der Magasingatan 17, Tel. 07000 90107, http://korvunited.se, Mo.–Fr. 11.30–14.30, Sa. 12–16 Uhr. Biowurst, Sauerkraut und Kartoffelpüree in der „Edelvariante" serviert Korv United. Seit Neuestem auch mit rein vegetarischen Gerichten.

63 [K5] **Strömmingsluckan** €, mobile Imbissbude vor der Magasinsgatan 17 (auf dem Parkplatz), www.strommingsluckan.se, Mo.–Fr. 11–15, Sa. 12–16 Uhr. Für den schnellen Hunger zwischendurch und als gute Alternative zu den amerikanischen Burgerschmieden ist dieser Fischimbissstand zu empfehlen: Hering (*Strömming*) mit Kartoffelpüree oder auf Knäckebrot – stilecht mit Plastikbesteck serviert – sind die angesagtesten Speisen auf dem Preisniveau von 55 bis 70 Skr.

64 [L6] **Vasagrillen** €, Vasagatan 25, genau vor dem Uni-Hauptgebäude, geöffnet bis in die Nacht hinein (am Wochenende sogar bis 5 Uhr). Hier gibt es „Halv Special" bzw. „Hel Special", eine Kombination von Hotdog im Brot mit Kartoffelbrei, Senf und Ketchup.

Cafés

65 [J8] **Café Ethel's,** Linnégatan 72, Tel. 031 7111295, http://ethels.se, Mo.–Fr. 9–19, Sa./So. 10–18 Uhr. Lauschiges kleines Café, das leckere Kuchen- und Kaffeespezialitäten anbietet. Guter Pausenstopp nach längeren Spaziergängen im Viertel Olivedal. Nette Sitzmöglichkeit vor dem Café zu Sommerzeiten

66 [K6] **Café Husaren,** Haga Nygata 28, Tel. 031 136378, www.cafehusaren.se, Mo.–Do. 9–20, Fr. 9–19, Sa./So. 9–18 Uhr. Gemütliches Café mittten in Haga; Essen und Trinken mit Blick auf die fla-

EXTRATIPP

Nationalheiligtum Kanelbulle

Während in Deutschland ganz offiziell der 3. Oktober Nationalfeiertag ist, haben die Schweden einen inoffiziellen nur 24 Stunden später. Seit 1999 wird am 4. Oktober der **„Tag der Zimtschnecke"** (schwed. *Kanelbullens Dag*) zelebriert. Eingeführt wurde der Tag zwar nicht von der schwedischen Regierung, sondern vom „Zuhausebackrat" (schwed. *hembakningrådet*), einem Interessenverband der schwedischen Lebensmittelindustrie. Auch wenn man massive ökonomische Motive hinter der Einführung vermuten darf, so trifft die Idee doch den Geschmacksnerv fast aller Schweden. Die Zimtschnecke ist in jeder Bäckerei, an jedem Kiosk und an fast jeder Tankstelle erhältlich und wird oft im Paket mit einer Tasse Kaffee angeboten. Inzwischen wird sogar beim alljährlichen Kanelbulledesignwettbewerb die schönste Zimtschnecke prämiert: Der erste Preis besteht aus einer Design-Kaffeetasse und einem Warengutschein für Backingredienzen – wenn das mal kein Anreiz ist.

nierenden Passanten: große Auswahl an frisch gebackenen Kuchenspezialitäten, warme Gerichte ab 60 Skr

67 [D6] **Café Italia,** Maskinkajen 11 (Eriksberg), Tel. 031 231924, www.cafeitalia.nu, Mo.–Fr. 10–20, Sa. 11–20, So. 11–19 Uhr. Italienische Tellergerichte von Salat über Ciabatta und Pasta bis hin zu Tiramisu und Cappuccino. Tolle Lage am Flussufer mit Bestuhlung vor dem Haus. *Dagens Lunch* (ab 79 Skr) und Selbstbedienung am Tresen.

68 [L5] **Café Kosmos,** Västra Hamngatan 20, www.cafekosmos.se, Tel. 031 131400, Mo.–Fr. 10–20, Sa. 11–18, So. 12–18 Uhr. Moderne Kunst an den Wänden schmückt das Café Kosmos. Junges und jung gebliebenes Publikum bevölkert dieses populäre Etablissement. *Dagens Lunch* (werktägl. 11–15 Uhr) für 99 Skr beinhaltet neben dem Gericht auch ein alkoholfreies Getränk, Salat, Brot und Kaffee. Preisgünstige belegte Brote sowie Kaffee und Backwerk runden das Angebot ab.

69 [J6] **Café Kringlan,** Haga Nygata 13, Tel. 031 130908, tägl. 8–21 Uhr. Uriges Café mit leckerem Kuchensortiment: Frühstücksbüfett 65 Skr, *Dagens Lunch Büfett* 99 Skr und diverse warme belegte Brote inkl. Salat und Kaffee zum Nachtisch für 70 Skr. Im Sommer auch mit Sitzgelegenheiten in der Fußgängerzone

70 [L6] **Café Mio,** Vasagatan 20, Tel. 031 137490, www.italienskaskaffer et.com, tägl. 10–23 Uhr. Kleines Kaffee mit günstigen „Paketangeboten" für morgens, mittags und nachmittags: Frühstück ab 50 Skr und Lunch ab 75 Skr, außerdem italienische Kaffeespezialitäten und leckere belegte Baguettes.

71 [J7] **Egg & Milk**, Övre Husargatan 23, Tel. 031 7010350, tägl. 7–15 Uhr. Der Name wie auch die Inneneinrichtung im Stile amerikanischer Diners der 1950er-Jahre lassen schon sehr gut auf die Speisekarte schließen: Pfannkuchen mit Sirup, Bagels, Eier auf vielerlei Art zubereitet und große Kaffeetassen dominieren dieses Frühstückscafé. Vor dem Café gemütliche, wenn auch vom Verkehrslärm beeinträchtigte, Sitzmöglichkeiten in der Göteborger Sonne.

72 [K6] **Espressobar Nöller**, Haga Nygata 28, Tel. 031 135361, www.noller.se, Mo.–Do. 8–20, Fr. 8–19, Sa.–So. 9–19 Uhr. Sachliches Design – irgendwo zwischen Retro- und Avantgardestil – dominiert den optischen Eindruck dieser Kaffeebar. Die köstlichen Kaffeespezialitäten bereitet der Chef teilweise noch persönlich zu – ein gebürtiger Deutscher, der durch einen Beamtenfehler einen neuen Namen erhielt: aus Möller wurde Nöller!

73 [J6] **Jacob's Café,** Haga Nygata 10, Tel. 031 7118044, tägl. 10–19 Uhr (sonntags ab 11 Uhr). Innen dominieren rustikale Holzmöbel das Bild, außen kleine Sitzgarnituren mit – im Sommer – optimaler Sonneneinstrahlung: breites Getränkesortiment sowie kleine Snacks, Salate und Sandwiches (jeweils um die 70 Skr).

74 [C8] **Klippans Konstcafé,** Banehagsgatan 15, Tel. 031 247914, www.klippanskonstcafe.se, tägl. Kernöffnungszeit 11–18 Uhr (bei gutem Wetter aber auch deutlich länger). Gemütliches Café im angesagten Kunst-Kultur-Szeneviertel Klippan. Im Sommer mit großzügiger Terrasse und leckerem Eis. Abwechslungsreiche Salate und üppige Smörgasar (belegte Brote), *Dagens Lunch* 85 Skr (von 11 bis 14.30 Uhr).

75 [D6] **Kvarnpirens Café,** Belegatan 7 (Eriksberg), Tel. 031 650330, Mo.–Fr. 8–18, Sa. 9–16, So. 10–16 Uhr. Solides Café mit dem klassischen Angebot vom Krabbensandwich bis zur Zimtschnecke. Zentral in Eriksberg gelegen, mit Sitzgelegenheiten direkt an der Mole: toller Ausblick von den Sonnenplätzen.

Göteborg am Abend

Das Göteborger Nachtleben ist so berühmt-berüchtigt, dass nicht nur Einheimische oder Schweden aus den umliegenden Kommunen hier gerne mal um die Häuser ziehen, sondern auch vermehrt norwegische Feiertouristen an den Wochenenden die Stadt unsicher machen. Das lässt sich nicht nur mit der relativen Nähe zu Norwegen oder der starken Norwegischen Krone erklären, sondern hängt schlichtweg auch mit der Attraktivität des bunten Angebots zusammen. Und auch im „Rest von Europa“ hat sich das Nachtleben der Westküstenmetropole – nicht zuletzt dank der günstigen Flüge von Ryanair und Co. – eine Reputation erarbeitet, die sich viele, auch deutlich größere, Städte wünschen würden.

Die **Kungsportsavenyn** ⓮ und die **Linnégatan** sowie die angrenzenden Straßen sind die X- und Y-Achse des nächtlichen Koordinatensystems. In den Bars und Kneipen ist der Dresscode eher leger und mit mitteleuropäischer Freizeitkleidung fällt man nicht auf. Bei einem angedachten Besuch von Disco oder Klub sollte man optisch jedoch eine Schippe zulegen. In diesen Etablissements geht es deutlich schicker zu und das kleine Schwarze für die holde Weiblichkeit bzw. Hemd (und gegebenenfalls sogar Krawatte) für den männlichen Part gelten keinesfalls als „overdressed“. Mit Jeans, T-Shirt und Turnschuhen wird einem in den meisten Klubs der Eintritt verwehrt bleiben, da die breitschultrigen **Türsteher den vorgegebenen Dresscode** bei den Gästen erbarmungslos beachten. Besonders ärgerlich ist die falsche Kleiderwahl, wenn man vorher 45 Minuten für die Tanzlokalität in der Schlange angestanden hat, um dann auf der Zielgeraden von den Männern an der Tür abgefangen zu werden.

Apropos **Schlange stehen:** In Göteborg, wie auch sonst in ganz Schweden, gehört es seit Jahren zum guten Ton, vor dem Betreten einer nachtaktiven Lokalität in der Schlange anzustehen. Selbst wenn die Disco nur mäßig gefüllt sein sollte – draußen gibt es fast immer eine Gruppe von Wartenden, die so lange ausharren, bis der Türsteher grünes Licht gibt. Wer so einen Klub frühzeitig aufsucht, kann die Warterei geschickt umgehen (wenn auch um den Preis, der erste Gast zu sein).

Auch die **Altersgrenzen** unterscheiden sich teilweise deutlich von denen in Deutschland: In der Regel kann man damit rechnen, mit 18 Jahren in die Klubs eingelassen zu werden, nicht selten wird diese Grenze aber auf 21 oder – in Ausnahmen – sogar auf 25 Jahre hochgesetzt. Auch das sollte man vor dem Anstehen berücksichtigen, um anschließend nicht an der Tür abgewiesen zu werden und frustriert von dannen ziehen zu müssen.

In vielen Bars besteht zudem die Möglichkeit, erstklassig zu speisen. Zugleich sieht man sich in zahlreichen Restaurants einer üppigen Getränkeauswahl gegenübergestellt. Die abschließende Zeche – auch kleinere Beträge oder nur einzelne Getränke – wird häufig mit der Kreditkarte beglichen.

▷ Sonnenuntergang am Götaälv – im Sommer ein langes Vergnügen

Nachtleben

Bars und Kneipen

76 [L4] **El Toro Bravo** €€, Drottninggatan 29, Tel. 031 7626150, http://eltorobravo.se, Mo.–Do. 16–22, Fr. 14 bis spät, Sa. 12 bis spät, So. 14–22 Uhr. Der Besucher dieser spanischen Kneipe kann sich auf Tapas und Wein sowie ein breit gefächertes À-la-carte-Angebot freuen. Hier steht alles im Zeichen von Vino, Flamenco und südländischem Temperament. Das Preisniveau – wie auch das Publikum – ist eher studentisch geprägt.

77 [M6] **Lilla London** €€, Vasagatan 41, Tel. 031 184062, www.valand.nu Mo.–Fr. 11.30–3, Sa. 12–4, So. 13–3 Uhr. Wie der Name schon vermuten lässt, steht das Lilla London in guter britischer Pubtradition: Ein Pint wird schnell gezapft (Happy-Hour-Angebote beachten) und auch die Küche bereitet die handfesten Gerichte flott zu. Zentral gelegen und ideales Sprungbrett für weitere Aktivitäten.

78 [L5] **Ölhallen 7-an** €€, Kungstorget 7, Tel. 031 136079, So.–Di. 11–24, Mi.–Sa. 11–1 Uhr. Hier ist der Name Programm: In der historischen Bierhalle werden dutzende Biersorten offeriert. Wer nach bunten Getränken mit lustigen kleinen Schirmchen sucht, ist hier definitv falsch! Das Interieur in dunklem Holz erinnert an klassische Brüsseler Bierstuben und das Platzangebot bringt die Besucher schnell mit Einheimischen in Kontakt – *Skål!*

79 [L5] **The Dubliner** €€, Östra Hamngatan 50b, www.dubliner.se, Tel. 031 139020, So.–Fr. 11–3, Sa. 11–5 Uhr. Ein typischer Irish Pub, wie man ihn in Irland und inzwischen auch in weiten Teilen der Welt überall finden kann; britisch-irische Küche sorgt für die solide Basis bei der internationalen Trinkerschar, die sich hier allabendlich (am Wochenende auch allmorgendlich) einfindet. Sportereignisse werden auf mehreren Fernsehern gezeigt.

017gb Abb.: ld

Klubs und Discos

80 [M6] **Excet**, Vasagatan 52, Tel. 031 7119911, www.excet.se, Fr. 22–3, Sa. 22–5 Uhr. Das Excet ist eine Institution des Göteborger Nachtlebens: Auf vier Tanzflächen – auf denen von Schlager bis House das gesamte musikalische Spektrum abgedeckt wird – und an neun Bars tummeln sich die Feierwütigen, im Sommer erweitert eine große Freiluftterrasse das Angebot. Eintritt 100/150 Skr und Mindestalter 20 Jahre.

81 [K5] **Nefertiti Jazz Club**, Hvitfeldtsplatsen 6, Tel. 031 7114076, www.nefertiti.se. Eigentlich ist das Nefertiti ein Jazzklub der alten Schule, aber

Die Schweden und der Alkohol

Das Verhältnis der Schweden zum Alkohol kann als sehr speziell, ja fast schon als legendär bezeichnet werden. Gleichzeitig wird dieses Bild durch **zahlreiche Pauschalurteile und Klischees** *geprägt. Häufig rufen sich diesbezüglich Bilder alkoholisierter Schweden in den südeuropäischen Urlaubsgefilden oder auf den Fähren von und nach Schweden ins Gedächtnis. Auf jeden Fall aber verdient diese Beziehung eine genauere Betrachtung und Erläuterung.*

Konsumierte der Durchschnittsschwede im Jahr 2015 ca. 9,2 l reinen Alkohol (in den 1820er-Jahren waren es unglaubliche und rekordverdächtige 46 l), konsumierte sein deutsches Pendant im selben Zeitraum 9,7 l.

Diese nackten Zahlen spiegeln jedoch nur die halbe Wahrheit wider: Die sicherlich hohen Mengen an „Selbstgebranntem" in Schweden oder die beliebten Einkaufstouren ins benachbarte – und günstigere – Ausland finden hier ebenso wenig Berücksichtigung wie die Tatsache, dass in Schweden während der Woche wesentlich weniger Alkohol getrunken wird als in Deutschland. Dafür schlägt dann der – vor allem jugendliche – Schwede am Wochenende umso beherzter zu. Der schwedische Staat versucht auf zweierlei Art, dem übermäßigen Alkoholkonsum entgegenzuwirken. Die immensen Steuern auf Alkohol erklären den für unsere Maßstäbe **hohen Preis für Spirituosen.** *Vergleicht man die Getränkepreise allerdings mit den Beträgen, die beispielsweise in deutschen Innenstädten für Alkoholika gezahlt werden müssen, relativiert dies wiederum viel.*

Außerdem gibt es ein weitgehend **staatliches Monopol beim Verkauf von Spirituosen.** *Dieses System ba-*

018gb Abb.: ld

siert im Wesentlichen auf der Grundlage der Systembolaget-Läden (kurz „Systemet"). Nur in diesen landesweit ca. 400 Läden werden Weine, Spirituosen oder das mit unserem Bier vergleichbare Normalbier („Starköl") verkauft. Die System-Geschäfte sind sachlich-nüchtern eingerichtet und es ist ihnen verboten, für sich Werbung zu machen, teilweise liegen sie sogar etwas versteckt. Um dort einzukaufen, muss man älter als 20 Jahre sein, man sollte dort nüchtern erscheinen und gegebenenfalls einen Ausweis zur Hand haben. Nachdem es über Jahrzehnte üblich war, zum Einkaufen Nummern zu ziehen und sich dann von der durchaus professionellen Bedienung die gewünschten Getränke bringen zu lassen, sind die Filialen landesweit größtenteils zur Selbstbedienung à la Supermarkt übergegangen. Auch wenn viele Läden jetzt auch an Samstagen (zumeist 10–15 Uhr) geöffnet haben, sollte man es doch vermeiden, freitagabends oder samstags dort einzukaufen, es sei denn, man bringt ausreichend Zeit und Geduld mit. Trotz aller durchaus berechtigten Skepsis sollte man sich nicht täuschen lassen: Ein Systemet verfügt über ein breites und qualitativ gutes Angebot an Spirituosen und auch preislich braucht man nicht immer gleich das Schlimmste zu befürchten.

Möchte man essen gehen oder den Abend bei einem Glas Wein ausklingen lassen, sollte bedacht werden, dass ***nicht alle Restaurants eine Lizenz zum Ausschank*** *von Hochprozentigem haben. Die glücklichen Lokalitäten mit Lizenz sind am Schild mit der Mitteilung „Fullständiga Rättigheter" auszumachen. Ein Bier (man bestellt hier ein „stor stark") kostet im Normalfall 50–60 Skr, eher seltener sind 70 Skr, während der Happy Hour kann der Preis auf 30 Skr heruntergehen. Für eine Flasche Wein sollten ca. 250 Skr einkalkuliert werden, ein Glas Wein ist für ca. 70 Skr zu haben. In Supermärkten erhält man Bier bis zu 3,5 Vol. %. Wer gerne einmal ein Bierchen zwischendurch trinken möchte oder für den, dem es eher um den Geschmack als um die Prozente geht, für den stellen Biere aus dem Supermarkt sicherlich eine gute und auch günstige Alternative zum Systembolaget dar.*

Unter www.systembolaget.se kann man weitere Filialen in Göteborg ausfindig machen oder sich ganz allgemein informieren.

82 *[L3]* ***Systembolaget (1),*** *Lilla Klädpressaregatan 8–16, Nordstan, Tel. 031 157748, Mo.–Do. 10–19, Fr. 10–20, Sa. 10–15 Uhr. In der Nähe des nördlichen Ausgangs des Einkaufszentrums Nordstan gelegen.*

83 *[M6]* ***Systembolaget (2),*** *Kungsportsavenyn 18, Tel. 031 186524, Mo.–Fr. 10–19, Sa. 10–15 Uhr. Genau an der Flaniermeile Avenyn plaziert.*

84 *[J7]* ***Systembolaget (3),*** *Linnégatan 28b, Tel. 031 146521, Mo.–Fr. 10–19, Sa. 10–15 Uhr. Zentrale Filiale des Systembolagets im Ausgehviertel an der Linnégatan.*

Eine gut sortierte Bar – auch in Göteborg Fundament einer jeden gastronomischen Lokalität

Smoker's Guide

Spätestens seit 2005 ist das Leben für Raucher auch in Schweden schwieriger geworden. Damals trat das **Rauchverbot in allen gastronomischen Lokalitäten** in Kraft. De facto darf man nach dem schwedischen Nichtraucherschutzgesetz weder in Restaurants, Kneipen, Cafés noch in Discos rauchen – die Einhaltung wird vehement kontrolliert. Einzige Ausnahme sind Biergärten oder Cafés unter freiem Himmel. Ansonsten müssen Raucher die Lokalität verlassen und sich im Freien die Zigarette anzünden. Inzwischen ist selbst das Rauchen an Bushaltestellen verboten.

samstags legen zu späterer Stunde (meist erst nach 24 Uhr) unterschiedlichste DJs auf, die nicht auf Jazz abonniert sind und auch nicht im Fundus der kommerziellen Pop-Radiosender brummkreiseln. Im Sommer kann man draußen sitzen, jedoch sollte man am besten schon früh erscheinen, um das lange Schlangestehen zu vermeiden, Eintritt Klub-Samstag: 100–120 Skr.

85 [N6] **Park Lane,** Kungsportsavenyn 38, Tel. 031 206058, www.parklane.se, Fr. 23–3, Sa. 23–5, So. 23–3 Uhr, Altersgrenze: 22 (freitags) bzw. 25 Jahre (samstags). Eintritt: 80–150 Skr. Das Park Lane ist berühmt-berüchtigt für das wilde Treiben am Wochenende und die After-Partys, die bis in den Morgen andauern. Auch Treffpunkt vieler nationaler und internationaler Promis.

86 [P6] **Port du Soleil,** Åvägen 24, Tel. 031 242629, www.portdusoleil.se, Di. und Fr./Sa. 22–3 Uhr (nur Mitte Mai bis Anfang September). Mittelmeerfeeling wird in diesem Nachtklub geboten. Im Freien gelegen – nur durch ein Zeltdach vor den Wetterkapriolen geschützt – treffen sich hier die Schönen und Angesagten, um den elektronischen Klängen des DJs zu lauschen. Mindestalter 23 Jahre.

87 [M5] **Push**, Kungsportsavenyn 11, www.push.se, Tel. 031 7018090, Fr. 22–3, Sa. 22–4 Uhr. Schick, schicker, Push. Hier treffen sich die Reichen und Schönen (oder die sich dafür halten) Göteborgs. Mit legerer Freizeitkleidung wie Jeans, T-Shirt und Turnschuhen kann man sich das Schlangestehen vor dem Push gleich sparen: Edle Lederschuhe und Hemd sind die Minimumvoraussetzungen, um an den bulligen Türstehern vorbeizukommen. Altersgrenze 25 Jahre, Eintritt vor 24 Uhr 100, danach 150 Skr. Dafür gibts dann bei Disco-, Pop- und House-Musik auch was für die Augen.

88 [J6] **Pustervik**, Järntorgsgatan 12–14, http://pustervik.nu, Mo.–Do. 11–2, Fr. 11–3, Sa. 17–3, So. 17–2 Uhr. Pustervik ist ein Kulturzentrum, eine Bar, ein Café, ein Theater, eine Kneipe, ein Klub, eine Konzerthalle – einfach alles in einem! Besonders am Wochenende Ort unterschiedlichster Konzerte und Veranstaltungen mit zumeist anschließender Disco; das Publikum ist dabei weniger aufgetakelt als auf der und um die Avenyn herum.

89 [K5] **Sticky Fingers**, Kaserntorget 7, Tel. 031 7010017, www.stickyfingers.nu, Mo.–Do. 11–2, Fr. 11–3, Sa. 17–3, So. 17–2 Uhr. Disco und Veranstaltungslokalität mit einem eher rockigen Schwerpunkt. Der Klub erstreckt sich über vier Etagen, die jedoch durchgehend nur am Wochenende geöffnet sind, wobei auf jeder Ebene ein anderer Musikstil (von

Am Götaplatsen, wo man den Poseidonbrunnen bewundern kann, befindet sich auch das Konserthuset und das Stadsteater

Hardrock bis hin zu Hip-Hop und R'n'B) aus den Boxen erschallt. Beim Donnerstagsklub freier Eintritt vor 21 Uhr und den ganzen Abend über preiswerte Getränke. Mindestalter 18 (donnerstags) bzw. 20 Jahre (Wochenende).

90 [M6] **Valand**, Vasagatan 41 (Ecke Kungsportsavenyn), Tel. 031 183093, www.valand.nu, Fr./Sa. 22–3/5 Uhr. Ähnlich wie in anderen Klubs an der Kungsportsavenyn gilt auch hier eine strikte Kleiderordnung. Zu lockerer Kleidungsstil wird von den Türstehern sofort abgestraft. Musikstil Pop bis Disco, das Mindestalter beträgt hier 25, freitags beim „Club Harlequin" sogar 30 Jahre.

Theater und Konzerte

Die Konzertdichte Göteborgs ist nicht zu unterschätzen und selbst Weltstars wie Madonna oder U2 legen hier regelmäßig einen Stopp ein. Die Veranstaltungslokalitäten wechseln hierbei relativ häufig bzw. finden die ganz großen Gigs gleich im **Nya Ullevi Stadion** statt (die Kicker des IFK Göteborg treten im Gamla Ullevi Stadion an den Ball). Die **Lisebergshallen** des gleichnamigen Vergnügungsparks **11** und das nahe gelegene **Scandinavium** [O6] sind ebenfalls populäre und gleichzeitig überdachte Veranstaltungsorte, wobei Letzteres häufig auch bedeutende Sportereignisse beherbergt. Alle drei Arenen werden von der gleichen Firma betrieben und sind unter folgender Adresse zu kontaktieren:

91 [O6] **Got Event AB**, Scandinavium, Valhallagatan 1, Tel. 031 3650000 oder 031 811020 (Kartenkasse), www.gotevent.se

Weitere Theater- und Musikveranstaltungen, teilweise jenseits der Populärkultur, finden in folgenden Institutionen und Häusern statt:

92 [N6] **Göteborgs Konserthuset**, Götaplatsen, Tel. 031 7265300 (Kar-

012gb Abb.: ld

tenkasse), www.gso.se, Kartenkasse werktägl. 12–18, samstags 11–15 Uhr. Die Heimstätte des Göteborger Symphonieorchesters ist für alle besuchenden Klassikfreunde (und natürlich auch für die heimischen) die erste Anlaufadresse. Im angeschlossenen Konzertshop kann man sich Aufnahmen des Orchesters auch auf CD kaufen.

2 [K3] **Göteborgs Operan,** Christina Nilssons Gata, Tel. 031 108000, 031 131300 (Kartenkasse), www.opera.se, Kartenkasse tägl. 12–18 Uhr. Ob Oper, Tanztheater, Musical oder klassisches Konzert – im ersten Haus am Platz wird große Kunst zelebriert. Direkt am Hafen gelegen, mit Restaurant, Bar und Café im Operngebäude.

93 [N6] **Göteborgs Stadsteater,** Götaplatsen, www.stadsteatern.goteborg.se, Tel. 031 7087000, 031 7087100 (Eintrittskarten), Kartenkasse Di.–Fr. 12–19, samstags 12–18 Uhr, sonntags ab drei Stunden vor der Aufführung. Auf drei Bühnen werden im Stadsteater hauptsächlich klassische Stücke aufgeführt. Modernere Inszenierungen sind in letzter Zeit ebenfalls ins Repertoire aufgenommen worden und runden das Programm ab. Mit Café und

Snus – die schwedische Art des Tabakkonsums

„Drei Tage ohne Snus auf dieser Insel – wir verschmachten!“

(Mitteilung in einer Flaschenpost, die Pippi Langstrumpf, Tommy und Annika als Schiffbrüchige von einer einsamen Insel verschicken: in „Pippi geht an Bord“)

Wer schon einmal an einer schwedischen Supermarktkasse gestanden hat, dem sind sicherlich die gestapelten flachen Dosen in Metallgestellen aufgefallen. Dort, wo in Deutschland die Raucher ihre Lieblingsmarke wählen können, da sind in Schweden kleine Döschen gestapelt, die mit unterschiedlichen Banderolen versehen sind. Da liest man dann Namen wie „General“, „Grov“, „Ettan“ oder „Tre Ankare“. Und auch das ist ***Tabak,*** *der jedoch nicht geraucht, sondern* ***unter der Oberlippe platziert*** *wird. Dort entfaltet das Nikotin dann seine berauschende Wirkung. Dieser Tabak heißt auf Schwedisch „Snus“.*

Obwohl Tabak bereits Mitte des 17. Jahrhunderts mit Veteranen des Dreißigjährigen Krieges seinen Weg nach Schweden fand, dauerte es noch weitere 200 Jahre, bis er auch bei breiteren Massen populär wurde. So gab es im 19. Jahrhundert bereits drei Tabakfirmen in Göteborg, die ausschließlich Snus produzierten. Heute wird Snus hauptsächlich von der Firma Swedish Match hergestellt, die in Schweden einen Marktanteil von ca. 70 % erreicht. Swedish Match exportiert ihr Produkt in viele Staaten, wobei jedoch insbesondere die USA einen gewichtigen Markt darstellen.

Der durchschnittliche Pro-Kopf-Tabakkonsum in Schweden liegt auf einem ähnlichen Niveau wie in anderen westeuropäischen Staaten, jedoch wird der Hauptteil als Snus verkauft. Insbesondere Männer greifen zu dem feuchten, etwas pappigen Tabak, während weibliche Tabakkonsumenten in Schweden meist zum Glimmstängel tendieren.

Es gibt diverse ***Untersuchungen zum Thema,*** *die einen direkten Zusammenhang zwischen Snuskonsum und der vergleichsweise niedrigen*

Bar, Letztere mit Essensmöglichkeit. Das aktuelle Programm findet man auf der Homepage.

94 [N6] **Lorensbergsteatern,** Berzeliigatan 4, www.lorensbergsteatern.se, Tel. 031 7086200, Kartenkasse werktägl. 12–17 Uhr (telefonisch). Musicals, Stand-Up Comedy, Rock und Pop – im Lorensbergsteatern ist das Angebotsspektrum breit gefächert und für jeden dürfte etwas dabei sein, wobei die musikalischen Präsentationen eindeutig im Vordergrund stehen. In der Lorensbar kann man an den Veranstaltungstagen vor und nach der Show essen und trinken. Infos zum Programm telefonisch oder per Internet

95 [L5] **Stora Teatern (Storan),** Kungsparken 1, Tel. 031 3683299 (Kartenkasse, Mo.–Fr. 12–18, Sa 10–14 Uhr), http://storateatern.se. Auch wenn im Namen noch „Teater" auftaucht, so ist das Storan heute vielmehr eine Konzerthalle mit historischem Flair. Künstler und Musiker verschiedenster Stil- und Musikrichtungen präsentieren hier ihre Fertigkeiten. Ein Blick auf die Internetpräsenz gibt Auskunft über kommende Interpreten, Bands und Orchester.

schwedischen Krebsrate nahelegen. Krebsstatistiken für schwedische Frauen ähneln denen in anderen europäischen Staaten, die männlichen Werte in diesem Bereich liegen jedoch signifikant unter europäischen Vergleichswerten. Damit soll keinesfalls gesagt werden, dass „snusen" gesund sei. Das Gegenteil ist der Fall und insbesondere Schäden des Zahnfleisches und Krebs im Rachen, Mundraum und an der Speicheldrüse sind unbestreitbare Folgen. Jedoch scheint der nicht inhalierte Tabakkonsum insgesamt weniger schädlich zu sein.

In Schweden ist Snus als ***Genussmittel, ja sogar als Kulturgut*** *anerkannt. Bei den Beitrittsverhandlungen zur EU in den frühen 1990er-Jahren wurde dies in den Verträgen explizit festgeschrieben und somit dürfen sich die Schweden auch weiterhin Tabak unter die Oberlippe schieben, während der Verkauf im restlichen Europa nach der EU-Tabakrecht-Richtlinie verboten ist. Seit im Juni 2005 in Schweden das Rauchen in Restaurants, Bars und Diskotheken verboten wurde, gab es einen regelrechten Run auf den traditionellen Oraltabak, der bis heute anhält. So sind inzwischen viele Raucherinnen auf Snus umgestiegen, da auch die Anbieter sich auf die neue Konsumentinnenschicht eingestellt haben: Snus in kleineren Portionen, mit Vanille- oder Mentholaroma und „femininere" Verpackungen in bunten Farben und schickem Design sind ein Produkt der letzten Jahre. Während der schwedischen EU-Ratspräsidentschaft in der zweiten Jahreshälfte 2009 versuchten die Nordländer sogar, das Snus-Verbot in Europa zu kippen. Jedoch setzten sich die europäischen Skeptiker durch und der Status Quo blieb unangetastet.*

Ein Mythos muss noch ausgeräumt werden. Snus soll angeblich mit winzigen Glassplittern versetzt werden, um das Zahnfleisch aufzurauen und die Wirkung zu beschleunigen. Das stimmt nicht. Vielmehr bilden sich im zu trockenen Snus ***Salzkristalle,*** *die mit Glassplittern verwechselt werden können.*

für Kauflustige

… den meisten anderen europäischen Großstädten ballt sich auch in Göteborg das Gros der Einkaufsmöglichkeiten im Innenstadtbereich. Bei einem Blick auf den Stadtplan kann man die Fußgängerzonen zentral lokalisieren: Ein Netz von Einkaufsstraßen, Passagen, Kaufhäusern und modernen Einkaufszentren durchzieht die Viertel **Inom Vallgraven** (innerhalb des Wallgrabens) und **Nordstaden** (Nordstadt). Zwischen den Achsen **Fredsgatan** [L4] im Osten und **Magasinsgatan** [K5] im Westen, zwischen dem Einkaufszentrum **Nordstan** (s. S. 74) im Nordosten und der südlichen **Södra Larmgatan** [K/L5] spielt sich die Einkaufsaktivität schwerpunktmäßig ab. Etwas weiter im Südwesten gelegen ist das durch Holzarchitektur geprägte Viertel **Haga** 18, das neben einem umfangreichen gastronomischen Angebot auch mit vielen ausgefallenen Boutiquen und kleinen, ungewöhnlichen Lädchen aufwarten kann.

Shoppingmeilen

Auf der und rund um die **Magasinsgatan** [K5], die nur wenige Minuten entfernt von den sonstigen Einkaufsepizentren der Fußgängerzone liegt, hat sich in den letzten Jahren eine alternative Szene gebildet. Ökologische Produkte für Haus und Körper, aber auch Biorestaurants findet man hier. Daneben haben sich auch Geschäfte aus den Bereichen Mode, Design und Interieur angesiedelt. Zweimal jährlich findet auf dem Parkplatz vor der Magasinsgatan 17 ein sogenannter Garagenverkauf statt, bei dem die Geschäfte der Umgebung ihre Lager räumen – wegen der kleinen Preise **für Schnäppchenjäger** ein absolutes Muss (meist samstags im Frühling und Herbst, genaue Termine und Infos findet man auf der Website https://magasinskvarteret.wordpress.com).

Die **Haga Nygata** [J/K6] (und die umgebenden Straßen und Gassen) ist eine Einkaufsmeile mit dem historischen Flair des 17. Jahrhunderts: Geschäfte, Boutiquen und Cafés bestimmen das Bild des ältesten Stadtteils von Göteborg, der Einheimische wie Besucher gleichermaßen in den Shoppingbann zieht. Kleine, oft vom Besitzer noch selbst geführte Geschäfte oder urige Handwerks- und Schmuckläden bestimmen das Bild. Die großen Kaufhaus- und Bekleidungsketten haben sich hier (zum Glück) noch nicht niedergelassen. Dafür findet man Exotisches und Ausgefallenes ohne tief graben zu müssen. Ungewöhnliche Designprodukte, mutige Mode oder kulinarische Delikatessen runden das Angebot in Haga ab. Bei schönem Wetter bietet sich auch ein Cafébesuch unter freiem Himmel an, um die Füße mal zu entlasten oder die anderen Flaneure zu beobachten.

› Südlich des Rosenlundkanals gelegen, erreicht man das Viertel zu Fuß oder per Straßenbahnlinien 1, 3, 6, 9 oder 11, Haltestellen: Hagakyrkan bzw. Järntorget.

Shoppingareale

Die wichtigsten Shoppingbereiche der Stadt sind im Kartenmaterial mit einer rötlichen Fläche markiert.

▷ *Kopfsteinpflaster, Kaffee und Kulinarisches im Viertel Haga* 18

011gb Abb.: ld

Die **Kungsportsavenyn** ⑭, die insbesondere für ihr Nachtleben berühmt (und berüchtigt) ist, hat auch im Bereich Einkauf einiges zu bieten. Aufgrund der exklusiven Lage und den damit einhergehenden Ladenmieten sind hier insbesondere exklusivere Boutiquen und Spezialgeschäfte zu finden. Ob es eine neue Golfausrüstung, internationale Bekleidungslabels, exquisite Uhren oder Designermöbel sein sollen – alles ist in der Avenyn zu haben. Daneben haben sich aber – nicht zuletzt dank der Touristenströme – auch Souvenirbüdchen und kleine Andenkenläden etablieren können.

Wer einmal jenseits der bekannten und großen Marken shoppen möchte, sollte sich in das Viertel westlich des Järntorgets begeben. Zwischen den vier parallel verlaufenden **Långgatorna,** die von 1 bis 4 durchnummeriert sind (Första, Andra, Tredje und Fjärde), haben sich alternativ orientierte Läden und eine eher studentisch geprägte Gastrokultur angesiedelt – abwechslungsreich und zumeist preiswerter als in den etablierten, klassischen Einkaufsmeilen.

Einkaufszentren

🔒93 [K5] **Antikhallarna,** Västra Hamngatan 6, Tel. 031 7741525, www.antikhallarna.se, Mo.–Fr. 10–18 (im Sommer nur bis 17 Uhr) und Sa. 11–14 Uhr (Juni/Juli samstags geschlossen). Für Liebhaber alter Schätzchen sind die Antikhallen ein Anlaufpunkt, den sie nicht verpassen sollten. Auf zwei Etagen werden in diversen kleinen Lädchen Antiquitäten von A bis Z angeboten. Ob Möbel, Glas, Porzellan, Münzen, Briefmarken, Comics, Uhren, Kronleuchter oder historische Korsetts – hier gibt es nichts, was es nicht gibt. Auch wer nichts kaufen möchte, sollte einmal durch das 1905 eröffnete und 2012 grundrenovierte Gebäude flanieren:

024gb Abb.: ld

Allein der Anblick von Stuck, klassischen Kronleuchtern und Jugendstilverzierungen lohnt definitiv einen Besuch. Im Erdgeschoss findet man mit dem Latteria Kaffesalong ein exquisite Möglichkeit, eine Pause einzulegen.

97 [L4] **Arkaden,** Fredsgatan 1, Tel. 031 7434219, http://arkadengalleria.se, Mo.-Fr. 10-20, Sa. 10-18, So. 11-17 Uhr. Eines der Shoppingzentren für moderne Fashionistas: zwei Dutzend Geschäfte mit dem Fokus auf Mode und Inneneinrichtung, aber auch Cafés zum Pausieren.

98 [L4] **NK (Nordiska Kompaniet),** Östra Hamngatan 42, Tel. 031 7101000, www.nk.se, Mo.-Fr. 10-19, Sa. 10-17, So. 12-16 Uhr. Die Nordiska Kompaniet ist mit ihren zwei Shoppingpalästen in Stockholm und Göteborg sicherlich der Maßstab für die Konkurrenz. Welt- und schwedische Topmarken sind in gediegenem Ambiente unter einem Dach vereint. Im *Rea* („Ausverkauf") kann man aber auch hier manchmal preiswert edle Waren erstehen.

Die Galerie in den Antikhallarna bietet einen guten Überblick

99 [L4] **Nordstan,** www.nordstan.se, Mo.-Fr. 10-20, Sa./So. 10-18 Uhr. Nordstan ist das größte Einkaufszentrum der Göteborger Innenstadt. Über 200 Kaufhäuser, Geschäfte und Restaurants unter einem Dach bieten das gesamte Einkaufsspektrum einer modernen Großstadt. Hier ist man vor schlechtem Wetter geschützt und kann unbehelligt von Regen und Schnee von Geschäft zu Geschäft ziehen. Ein angeschlossenes Großparkhaus mit 2700 Parkplätzen kümmert sich um die Autos. Mitten im Zentrum des Komplexes auf der Nord-Süd-Achse befindet sich auch eine Filiale der Touristeninformation (s. S. 101 , hier ist auch die Göteborg CityCard erhältlich), die oftmals nicht so stark frequentiert ist wie die Zentrale am Kungsportsplatsen.

Flohmärkte

100 [G10] **Bakluckeloppis,** Slottsskogsgatan 113, am südlichen Ende des Slottsskogen gelegen, www.bagagelop pis.se, an diversen Wochenenden zwischen April und September, 11-15 Uhr. Unter freiem Himmel, direkt aus dem Autokofferaum heraus, wird hier von Antiquitäten bis Schund alles verkauft. Von der Innenstadt aus bequem per Straßenbahn erreichbar: Linien 1, 2, 6 und 11 bis Haltestelle Botaniska Trädgården, von dort knapp 10 Min. zu Fuß.

101 [H6] **Kommersen Loppmarknad (Flohmarkt),** Första Langgatan 27, www.kommersenloppmarknad.se, Tel. 031 828282, Sa./So. 10-15 Uhr. An dem Flohmarktgebäude kann man kaum vorbeigehen, ohne es wahrzunehmen: Buntes Graffiti verziert das Haus rundum. Im Inneren gibt es ein kunterbuntes Angebot, das von original antiken Stücken bis hin zu Kram und Krempel reicht.

102 **Kvibergsmarknad,** nördlich außerhalb der Innenstadt gelegen, Straßenbahnlinien 6 und 7, Haltestelle Kviberg, www.kvibergsmarknad.se, Tel. 031 261637, Sa./So. 10–15 Uhr. In der ehemaligen Kasernenanlage Kviberg tummelt sich am Wochenende die Flohmarktszene. Antike Schätzchen, kulinarische Spezialitäten aus aller Welt oder Secondhandkleidung wechseln hier schnell den Besitzer. Die alten Militärgebäude sind schön restauriert und auch ohne echtes Kaufinteresse lohnt ein Besuch.

Schweden-Souvenirs

103 [J6] **Haga of Sweden,** Haga Nygata 11, Tel. 031 7118097. Mo.–Fr. 11–18, Sa. 10–16, So. 12–15 Uhr. Alles, was das Touristenherz erfreut: Vom Kühlschrankmagneten mit Göteborglogo bis zum schwedischen Fußballtrikot ist hier alles zu moderaten Preisen zu haben.

Im Viertel Haga findet jeder Kauflustige etwas Passendes

Göteborg zum Träumen und Entspannen

Gerade in lebendigen und brodelnden Metropolen sucht man gern mal für einige Stunden Orte auf, die Ruhe und Entspannung versprechen. Auch in Göteborg gibt es einige Oasen der Ruhe. Manche davon sind zentral gelegen, andere hingegen liegen eher in der Peripherie der Stadt.

Mitten in der Stadt gelegen ist der **Kungsparken** (Königspark) [L5], der direkt an den historischen Wassergraben der Stadt grenzt, kaum zu übersehen. Vor über 150 Jahren wurde er als prächtiger Park angelegt und noch heute ist er bei den Göteborgern sehr beliebt. Im Sommer tummeln sich hier jung und alt auf den einladenden Wiesen und unter den Schatten spendenden Laubbäumen. Studenten verbringen die Pausen zwischen den Seminaren oder gerne auch mal Pause und

076gb Abb.: ld

Seminar im Kungsparken, Touristen lassen sich mit den Köstlichkeiten, die sie eben frisch in der Stora Saluhallen gekauft haben, zum Picknick nieder.

Direkt neben dem Kungsparken gelegen und genauso als Rückzugsort geeigent, ist der großzügig angelegte Trädgårds Föreningens Park ⓯.

Eine tolle Aussicht und nur relativ wenige Mitmenschen garantiert der Besuch zur Festungsanlage **Skansen Kronan** ⓳. Durch den Skansenparken schlängelt sich der Weg hoch auf den Burgberg – vielen ist der steile Aufstieg zu anstrengend und deshalb kann man oft ganz allein den Blick über die Stadt genießen.

Zum einen vielfältige Freizeitmöglichkeiten, zum anderen aber auch ganz viel Natur und Ruhe bietet der Slottsskogen ㉒. Der „Schlosswald", der sich über 137 Hektar erstreckt, ist ein sehr schönes Naherholungsgebiet, dass sowohl von den Göteborgern als auch von den Besuchern der Stadt gern genutzt wird.

Das **Ruddalen**, einige Kilometer südlich der Innenstadt gelegen, ist gleichzeitig „Freiluftfitnesszentrum" wie auch Erkundungsgebiet für Naturliebhaber. In dem riesigen Areal finden sich diverse Sportarenen, aber

KLEINE PAUSE

Köstliche Kaffeepause – etwas abseits

Das viele Herumlaufen in der Stadt macht bekanntlich müde. Als perfekter, kleiner Tipp bietet sich zum Ausspannen hier die atmosphärische **Viktoriapassage,** zwischen Vallgatan und Södra Larmgatan gelegen, an. Das Café da Matteo ist eine ruhige Oase, in der köstliche Kaffeespezialitäten serviert werden. Einfach mal ausprobieren!

104 [L5] **da Matteo,** Södra Larmgatan 14, Tel. 031 7742881, www.damatteo.se, Mo.–Fr. 8–19, Sa. 9–18, So. 10–17 Uhr. Wem der Kaffeegenuss nicht genug ist, der kann im da Matteo sogar Kurse in Kaffeekunde belegen. Infos dazu an der Kaffeetheke.

Bootsausflüge

Göteborg hat das maritime Privileg, nicht nur einen Fluss, sondern auch noch das Meer vor der Haustür zu haben. Neben den Touren in den südlichen Schärengarten, der Flussfähre „Älvsnabben" (s. S. 127), den Stadtrundfahrten mit den Paddan-Booten (s. S. 20) und der Überfahrt zur Nya Elfsborg Fästning ㉔ *gibt es noch weitere* ***nautische Abenteuer*** *zu erleben. Eine ruhige und besinnliche Bootsfahrt auf dem Fluss Säveån – man kommt dabei auf ruhigen Wasserwegen raus aus dem Trubel der Innenstadt – kann man in den* ***Paddan-Booten*** *genießen. Die zweistündige Tour wird nur in der Sommerperiode von Ende Mai bis Ende August angeboten und kostet 240 Skr inkl. Kaffeeverköstigung. Die Schiffchen legen, wie die regulären Paddan-Boote, am Kungsportsplatsen ab/an. Zu Abfahrtszeiten und sonstigen Details ganz einfach am Anleger fragen oder im Internet unter www.stromma.se nachschauen.*

Von Anfang Mai bis Ende September kann man sich auf eine ***Minikreuzfahrt rund um die Insel Hisingen*** *begeben, die die viertgrößte Insel Schwedens ist und den Norden Göteborgs bildet. Dabei sieht man viel von den großflächigen Hafenanlagen aber auch die ruhigeren Wasserläufe der Stadt. Der Fahrpreis für vier Stunden auf dem*

auch Wander- und Joggingrouten. Besonders populär ist der 4 km lange *Naturstig*, der interessierten Besuchern auf Tafeln die sie umgebende Flora und Fauna erklärt. Ob neugieriger Großstadtmensch oder fachkundiger Ornithologe – im Ruddalen kann man nicht nur die Seele baumeln lassen, sondern auch noch sein Naturwissen vertiefen.

› **Anreise:** Mit der Straßenbahnlinie 7 ab Innenstadt (z. B. ab Kungsportsplatsen) Richtung Tynnered fahren. Ausstieg nach ca. 20 Minuten an der Haltestelle Musikvägen. Von dort ca. 300 m dem Musikvägen folgen bis zum Ruddalen-Park.

Wasser beträgt 210 Skr. Für eine ausgiebige Schärenrundfahrt (3 Std. Dauer) mit Vollverpflegung, die „Brunchkryssning" (Brunch-Kreuzfahrt), muss man 460 Skr auf den Tisch des Hauses legen. Die Tour beginnt im Jachthafen von Lilla Bommen an der Oper. Dort gibt es auch die detaillierten Informationen der Strömma Reederei sowie unter www.stromma.se.

In der ***Vorweihnachtszeit*** *bietet die Strömma Reederei auch gediegene Bootsfahrten im Schärengarten an. Dabei sind die Ausflugsdampfer festlich geschmückt und das inkludierte Festmenü lässt nichts zu wünschen übrig. Die Preise für die dreistündigen* ***Schlemmercruises*** *beginnen bei ca. 495 Skr. Andere Bootsausflüge mit kulinarischem Rahmenprogramm finden das ganze Jahr statt – Infos gibt es auf der Homepage der Reederei.*

Ebenfalls einen bunten Strauß an Bootstouren durch und rund um Göteborg bietet die Reederei Skärgårdslinjen an. Dabei gibt es ***Partyausflüge*** *mit Tanz und Gesang oder mit Krabben und Meeresfrüchten. Start- und Endpunkt der „M/S Trubaduren", dem Flaggschiff der Skärgårdslinjen, ist ebenfalls der zentrale Hafen von Lilla Bommen, genau neben dem Großsegler „Barken Viking". Details gibt es unter www.skargardslinjen.se.*

Bootsfahrten der besonderen Art kann man mit der ***„Bohuslän"*** *machen. Es ist das letzte* ***Original-Dampfschiff****, das an Schwedens Westküste verkehrt. In Göteborg 1914 gebaut, sollte es, da nicht mehr konkurrenzfähig zu Bussen und Lkws, 1965 verschrottet werden. Dank einiger Dampfschiff-Enthusiasten wurde die „Bohuslän" jedoch gerettet und komplett restauriert. Jeden Sommer (Juni bis Aug.) werden diverse Touren angeboten, die schwerpunktmäßig die Küste nördlich von Göteborg erkunden. Die Routen sind mit viel Liebe erstellt, wiederholen sich kaum und bieten ein echtes Kontrastprogramm zu den herkömmlichen Angeboten. Oft ist man dabei auch einen ganzen Tag unterwegs wie beispielsweise von Göteborg bis nach Lysekil (acht Stunden Fahrzeit inkl. Landgängen) und von dort per Bus zurück nach Göteborg (2 Stunden Fahrzeit), Preis 450 Skr. Und das ist wirklich ein fairer Preis für zehn Stunden Unterhaltung auf einem historischen Dampfer. Das komplette Sommerprogramm ist im Internet unter www.steamboat.se einzusehen. Die „Bohuslän" hatte ihren Liegeplatz 2016 in der Nähe des Järntorget am Ufer des Götaälv (Anleger 22). Ab 2017 könnte sich das aber ändern, bitte vorab informieren.*

Der **Sörhallsberget**, am nördlichen Ufer des Götaälv zwischen den Stadtvierteln Eriksberg und Lindholmen gelegen, ist ein Park, der sich über einen hohen Felsen direkt am Flußufer erstreckt. Bis in die 1970er-Jahre war er teilweise mit Wohnhäusern bebaut, die aber einer geplanten Erweiterung der Eriksbergwerft weichen mussten. Aus ökonomischen Gründen kam es aber nicht zum Werftausbau und aus dem geräumten Areal wurde stattdessen ein bergiger „Felsenpark". Von drei Seiten aus ist der Park auf gut ausgebauten Fußwegen zu erklimmen und bietet von oben einen fantastischen Ausblick auf den Götaälv und die Stadt Göteborg.

› **Anreise:** Mit der Fähre „Älvsnabben" erreicht man den Park vom Stadtzentrum aus am einfachsten. Von den Anlegern „Slottsberget" oder „Eriksberg Färjeläge" sind es nur wenige Gehminuten.

Zur richtigen Zeit am richtigen Ort

Besondere Veranstaltungen locken rund ums Jahr Besucher nach Göteborg. Herausragend sind folgende:

Frühling/Sommer

› **Mitte bis Ende Mai** findet das Göteborg **Dans & Teater Festival** statt, ein zehntägiges Tanzereignis (seit 1994 jedes zweite Jahr, nur in geraden Jahren). Details zum Programm findet man im Internet auf der Homepage www.festival.goteborg.se.

› **Anfang Juni** wird der Bältespännerparken, gegenüber dem Stora Teatern gelegen, für vier Tage in „Regenbogenpark" umbenannt. Beim **Westpride-Festival** feiert sich die LGBT-Gemeinde ausgelassen und es kann bei den „drop in-vigs-

077gb Abb.: ld

Schwedische Feiertage

- **1. Januar** – *Nyårsdagen* (Neujahr)
- **6. Januar** – *Trettondagen* (Dreikönigstag)
- *Långfredag* (Karfreitag)
- *Påskdagen* (Ostersonntag)
- *Annandag påsk* (Ostermontag)
- **1. Mai** – *Första maj/Valborg:* Er wird in Schweden ähnlich begangen wie in Deutschland. Insbesondere die Studenten haben vielfältige Traditionen, den *Valborgsmässoafton* oder *Sista April* (Tanz in den Mai) zu begehen. Oft beginnen die Feierlichkeiten schon am Morgen des 30. April.
- **6. Juni** – *Svenska flaggans dag* (Tag der schwedischen Flagge/Nationalfeiertag): Die Schweden erinnern sich an die Wahl Gustav Wasas im Jahr 1523 zum schwedischen König und damit an die finale staatliche Unabhängigkeit von der dänischen Oberherrschaft.
- *Kristi himmelfärdsdag* (Christi Himmelfahrt)
- *Pingstdagen* (Pfingstmontag)
- *Midsommarafton* (Mittsommer): Wechselndes Datum; liegt immer auf einem Freitag zwischen dem 19. und 25. Juni. Am Midsommarafton – ein Quasi-Feiertag – treffen die Schweden sich mit Familie und Freunden und tanzen um die *midsommarstång* (ähnlich Maibaum), die vorher jedoch aufgerichtet werden muss. Dabei wird zünftig gegessen und getrunken. Der darauffolgende Midsommardagen dient daher üblicherweise der allgemeinen Rekonvaleszenz und viele Geschäfte und Restaurants haben geschlossen.
- *Alla helgons dag* (Allerheiligen)
- **13. Dezember** – *Luciadagen* (Lucia-Fest): Zwar kein offizieller Feiertag, aber in vielen Schulen und Betrieben wird mit Kerzenlicht der heiligen Lucia gedacht. Dabei werden oft *Pepparkakor* (Pfeffer- oder Lebkuchen) und *Glögg* (Glühwein) gereicht.
- **24. Dezember** – *Julafton* (Heiligabend): Ähnlich wie in Deutschland kein offizieller, sondern nur ein „Quasi-Feiertag“.
- **25. Dezember** – *Juldagen* (1. Weihnachtsfeiertag)
- **26. Dezember** – *Annandag jul* (2. Weihnachtsfeiertag)
- **31. Dezember** – *Nyårsafton* (Silvester)

lar“ sogar spontan geheiratet werden. Nähere Infos unter http://westpride.se.

- **Mitte Juli** wird der **Gothia Cup**, das größte Jugendfußballturnier der Welt für Jungen und Mädchen ausgetragen. 1661 Mannschaften, 80 Nationen, 110 Spielfelder, 4170 Spiele und 18.208 erzielte Tore (Zahlen von 2016) ... Alljährlich pilgern über 40.000 Teilnehmer nach Göteborg, um an diesem gigantischen Ereignis teilzunehmen. Auch als Zuschauer ein absolut lohnendes Ereignis. Infos unter www.gothiacup.se
- **Mitte August** wird für sechs Tage das **Kulturkalaset** begangen. Das größte Stadtfest Schwedens, bei dem alle Vorführungen für Hunderttausende Besucher kostenfrei sind, breitet sich in der gesamten Göteborger Innenstadt aus. Auf einem Dutzend Bühnen gibt es Kulturelles aus allen Richtungen mit dem Hauptaugenmerk auf musikalischer Unterhaltung. Das detaillierte Programm ist in der Touristeninfo oder unter http://goteborgskulturkalas.se erhältlich.

Der Sörhallsberget bietet Ruhe und tolle Aussicht

Herbst/Winter

- **In den Herbstmonaten September bis November** findet – immer in ungeraden Jahren – die mehrwöchige **Internationale Kunstbiennale** statt. An verschiedenen Ausstellungs- und Veranstaltungsorten im Stadtgebiet verteilt präsentieren diverse Künstler ihre Arbeiten aus allen erdenklichen Bereichen wie beispielsweise Malerei, Bildhauerei, Fotografie, Theater, Vortrag, Film, Musik ... Inhaltlich gibt es bei jeder Biennale einen anderen Schwerpunkt. 2015 lief das Festival unter dem Motto „A story within a story...". Infos dazu unter http://goteborg.biennal.org.
- **Mitte November bis 23. Dezember:** Der **Weihnachtsmarkt im Vergnügungspark Liseberg** ist ein einmaliges Erlebnis. Über fünf Millionen Lichter bringen bei zumeist knackig kalten Temperaturen die Besucher in Weihnachtsstimmung. Der größte Weihnachtsmarkt Schwedens bietet schwedische Spezialitäten, tolle Geschenkideen und weihnachtliche Musik. Oder man dreht auf der Eisbahn flugs eine Runde auf Kufen. Zum Programm geht es unter www.liseberg.se.
- Ebenfalls von **Mitte November bis zum 23. Dezember** wird auch der **Innenstadt-Weihnachtsmarkt** aufgebaut, der auf jeden Fall auch einen Besuch lohnt. Der Prachtboulevard Avenyn 14 ist weihnachtlich illuminiert und man kann sich guter Dinge auf einen über 2 km langen Weihnachtsspaziergang vom Götaplatsen 13 bis zum Hafen Lilla Bommen begeben.
- Alljährlich **Anfang Januar** findet der **Göteborg Icehockey Cup** statt. Er ist das weltgrößte Eishockeyturnier für die Altersklasse U 14. Weitergehende Infos unter www.gbgif.se/goteborgishockeycup.
- **Anfang Januar** treffen beim **Gothia Innebandy Cup** ca. 400 Mannschaften aufeinander – wieder ein Weltrekord: das größte Innebandyturnier auf dem Globus – und spielen den Sieger aus. Innebandy ist eine Sportart, die in Mitteleuropa weitgehend unbekannt ist, in Skandinavien aber große Wertschätzung genießt. Als deutsche Beschreibung würde wohl der Begriff „Hallenhockey" am ehesten zutreffend sein. Unter www.gothiainnebandycup.se kann man nähere Infos bekommen.
- Beginnend in der **letzten Januarwoche** wird für zehn Tage das **Göteborg Film Festival**, das größte Festival Nordeuropas, zelebriert. 2016 wurden 450 Filme aus 84 Ländern gezeigt. Mit über 100.000 verkauften Eintrittskarten ist das Festival nicht nur ein großer Publikumserfolg, sondern auch ein gewichtiger Treffpunkt der Filmschaffenden Skandinaviens. Programminfos sind unter www.giff.se zu finden.
- Die **Göteborg Horse Show Ende Februar** ist der Jahreshöhepunkt für Freunde des Pferdesports. Alles, was international Rang und Namen hat, pilgert zu dem Ereignis in die überdachte Veranstaltungsarena Scandinavium. Details kann man unter www.goteborghorseshow.se abfragen.

GÖTEBORG VERSTEHEN

003gb Abb.: ld

Das Antlitz der Stadt

Bereits bei einem ersten Blick auf den Stadtplan Göteborgs wird deutlich, dass die Macht des Wassers einen erheblichen Anteil an Stadtbild und Stadtleben hat: der mächtige Fluss Götaälv, der die Lebensader der Stadt ist, die Kanäle und Gräben, die sich durch die Innenstadt schlängeln und genau vor der Haustür die gewaltige Nordsee, die in den Herbst- und Wintermonaten gern ihre Muskeln spielen lässt.

Seit der Gründerzeit stellt der Hafen den **ökonomischen Antriebsmotor der Stadt** dar, gleichzeitig beeinflusst er aber auch die Bewohner und ihre Mentalität. Von den Anfängen mit einem bescheidenen Warenaustausch und einem winzigen Fischereihafen über die Hochzeit der Schwedischen Ostindienkompanie, das Werftensterben der 1970er-Jahre bis hinein in den modernen Container- und Passagierverkehr des beginnenden dritten Millenniums war und ist der Hafen unbestreitbar das Herzstück der urbanen Entwicklung.

Mit dem Ölterminal in Torshamn und den zwei nahe gelegenen Raffinerien (von insgesamt dreien in ganz Schweden) sowie dem Containerhafen Skandiahamn verfügt Göteborg über den **größten Hafen Skandinaviens.** Jährlich werden ca. 60 Millionen Tonnen Waren umgeschlagen (darunter ca. 20 Millionen Tonnen Erdöl), was ungefähr einem Drittel des gesamten schwedischen Außenhandels entspricht. Zusätzlich zu den Waren werden pro Jahr noch 1,7 Millionen Fährpassagiere gezählt, die entweder mit den lokalen Booten oder den internationalen Großfähren befördert werden.

Neben dem imposanten Hafen kann Göteborg aber auch mit wei-

Vorseite: Drei Wahrzeichen: Troubadour Evert Taube (s. S. 51), Windjammer „Barken Viking“ (s. S. 120) und der „Lippenstift“ 1

Der Göteborger Hafen bei Nacht

teren **statistischen Zahlen** aufwarten, die beeindrucken: Auf jeden der 550.000 Göteborger kommen 160 Quadratmeter Grünfläche, auf den zwölf Straßenbahnlinien verkehren 263 Straßenbahnwagen, die 60.000 Studenten der Stadt verteilen sich auf zwei Universitäten, sieben Paddan-Ausflugsboote (s. S. 20) unterqueren 20 Innenstadtbrücken und die 50.000 Stadtbäume werden ergänzt durch 2500 Rosen im Rosarium der Trägårdsföreningen. Und innerhalb eines Radius von 30 Autominuten kann man auf 19(!) Golfplätzen das Eisen schwingen.

Administrativ ist Göteborg in **21 Stadtbezirke** aufgeteilt, die sich, wie das Stadtzentrum – südlich und nördlich des Götaflusses gruppieren, wobei im nördlichen Bereich Gewerbegebiete und Wohnviertel den Schwerpunkt bilden. Das ursprüngliche Stadtgebiet ist auch heute noch gut auszumachen, da es von den ehemaligen Befestigungbastionen und dem davor liegenden Wassergraben umschlossen ist. Hier finden Besucher auch die größte Dichte an

KURZ & KNAPP

Die Stadt in Zahlen

- Gegründet: 1621
- Einwohner: 550 000 (Großraum 990.000)
- Fläche: 204 km² (Großraum 3700 km²)

historischer Bausubstanz, die teilweise bis ins 17. Jahrhundert zurückreicht. Zwischen dem Stora Hamnkanal und den südlich davon gelegenen Wassergräben befinden sich diverse **Fußgängerzonen** mit unzähligen Geschäften und Cafés. Östlich der Östra Hamngatan finden sich mehrere Einkaufspassagen wie Nordstan, Arkaden oder Kompassen, die sich bei schlechtem Wetter ideal zum Zeitvertreib anbieten.

Außerhalb des Wallgrabens liegen in westöstlicher Richtung die Quartiere Haga (18), Annedal, Vasastaden, Lorensberg und Johanneberg. Die Viertel weisen keine homogene Struktur auf, sondern werden angenehm heterogen genutzt. So kommt es zu keinen wie auch immer gearteten

023gb Abb.: ld

„Monokulturen" als reine Gastronomie-, Gewerbe- oder Wohnviertel.

Jenseits dieses grob skizzierten Innenstadtareals schließen sich Wohnquartiere und Naherholungsgebiete wie das Ruddalen-Gebiet, der Slottsskogsparken, der Botanische Garten oder die Seenlandschaft rund um den Stora Delsjön an. Dank des ausgezeichneten Nahverkehrs mit dem **Straßenbahnnetz** als Rückgrat erreicht man vom Zentrum aus auch die Vorstädte oder Grünanlagen problemlos in weniger als 30 Minuten.

Länger dauert auch die Fahrt ans offene Meer nicht. Die Straßenbahnlinie 11 fährt direkt nach Saltholmen und einen Steinwurf von der Endhaltestelle entfernt legen die Fähren in den Schärengarten ab. Besonders an warmen Wochenenden zieht es auch zahlreiche Göteborger raus aus der Stadt, um in der **Inselwelt des Schärengartens** die Sommerfrische zu genießen.

Von den Anfängen bis zur Gegenwart

Obwohl Göteborgs Stadtgeschichte nicht einmal 400 Jahre zurückreicht, hat sich in den vier Jahrhunderten viel getan und massive Veränderungen – insbesondere in den letzten Dekaden – haben das Bild der Stadt nachhaltig geprägt. Aus dem verschlafenen Nest an der Mündung des Götaälvs wurde im 20. Jahrhundert der größte und bedeutendste Hafen Skandinaviens.

13. Jahrhundert: Es entstehen – so wird es in historischen Quellen belegt – in der Gegend des heutigen Göteborg erste schwedische Siedlungen. Zuvor beherrschte Dänemark den gesamten Küstenstreifen. Erstmalig erhalten die schwedischen Regionen im Osten somit einen direkten Zugang zum Kattegat.

15. und 16. Jahrhundert: Die schwedischen Küstenansiedlungen werden immer wieder von den dänischen Herrschern angegriffen, erobert und oftmals bis auf die Grundmauern niedergebrannt.

1619: Gustav II. Adolf beschließt auf Schloss Älvsborg – heute kann man die Ruinen des Schlosses im Kulturviertel Klippan direkt am Götafluss besichtigen – die Gründung einer Stadt mit dem Namen Göteborg.

1621: Zwei Jahre nach der Entscheidung zur Stadtgründung ist es soweit: Göteborg erhält die Stadtrechte und wird offiziell gegründet. Im gleichen Jahr wird in der jungen Stadt eine erste Kirche, die aber zeitgemäß noch aus Holz gefertigt wird, errichtet. Unter tatkräftiger Mithilfe holländischer Architekten und Ingenieure wird in den folgenden Dekaden auf dem schwammigen Untergrund am Götaälv ein Straßen- und Kanalnetz geplant und realisiert. Befestigungsanlagen rund um das Stadtzentrum sollen die schnell wachsende Handelsmetrople gegen äußere Feinde schützen.

Im 17. Jahrhundert lassen sich neben den Holländern auch viele Deutsche und Schotten in der neugegründeten Stadt nieder. Ihr Einfluss auf die Geschicke der Stadt ist gewichtig und nachhaltig. Im Stadtrat sind die genannten Nationalitäten proportional vertreten: vier Schweden, drei Deutsche, drei Holländer und zwei Schotten.

1632: Nur elf Jahre nach der Stadtgründung nennen bereits 2000 Bewohner Göteborg ihre Heimat.

1650: In der Mündung des Götaälvs wird auf einer Felseninsel die Festung „Nya Elfsborg" errichtet und sichert somit die Stadt und den bedeutenden Hafen von der Seeseite her ab.

1655: Das älteste noch existierende Gebäude der Stadt wird fertiggestellt. Noch heute kann man das ehemalige Militärdepot „Kronhuset“ besichtigen.

1660: Karl X. Gustav stirbt in Göteborg. Sein erst vierjähriger Sohn wird im Kronhuset als Karl XI. Gustav zu seinem Nachfolger ernannt.

Ende des 17. Jahrhunderts: Die Handels- und Hafenstadt gewinnt massiv an Bedeutung. Die östlich von Göteborg gelegenen Gebiete sind auf den Götaälv als Transportweg angewiesen und übers Meer werden insbesondere Eisenerze und Holz exportiert.

Sprung ins 18. Jahrhundert: Die Stadt zählt 5000 Einwohner.

1731: Neben Fischfang und Export, den wichtigsten Einnahmequellen der Stadt, kommt ein weiterer gewichtiger Gewerbezweig hinzu. Die schwedische Ostindienkompanie wird gegründet und erhält das staatliche Monopol auf den gesamten Handel mit Fernost. Regelmäßiger Linienschiffverkehr nach Asien – mit den Handelsschwerpunkten Indien und China – bringen in ihren Bäuchen Seide, Porzellan, Gewürze und Tee nach Göteborg. Auf großen Auktionen werden die Waren dann an Kaufleute aus ganz Europa weiterverkauft. Die Gewinnspannen sind gigantisch und der Wohlstand wächst rasant. Bis 1806 nehmen im Durchschnitt zwei Großsegler pro Jahr Kurs auf Fernost.

1750: In Göteborg leben ca. 10.000 Einwohner.

Oktober 1788: Erneut stehen dänische Truppen vor der Stadt und verlangen die bedingungslose Kapitulation. Mit Unterstützung des schwedischen Königs Gustav III., der umgehend persönlich nach Göteborg reist, wird die Stadt in kürzester Zeit massiv befestigt. Drei Kriegsschiffe eilen der bedrängten Stadt zur Hilfe und die Göteborger stehen geschlossen gegen die Dänen. Die Moral der Einwohner und die militärische Aufrüstung lassen den dänischen Oberbefehlshaber am Sieg zweifeln und schlussendlich nach wenigen Wochen die Belagerung abbrechen.

Um 1800: Der Jahrhundertwechsel führt zu vielen Veränderungen: Die Ostindienkompanie stellt ihren Handel nach Jahren sinkender Erträge ein und auch die Bedeutung des Heringsfangs sinkt merklich. Dank Napoleons Kontinentalblockade im Krieg gegen England gehört Göteborg zu den großen Krisengewinnern. Der englische Handel läuft fortan über Göteborg als Transithafen, um die englischen Güter so nach Kontinentaleuropa zu befördern. Viele britische Handelshäuser lassen sich in der Stadt nieder und prägen sprachlich und kulturell die wachsende Metropole. Diese Periode gibt Göteborg auch den bis heute gültigen Beinamen „Lilla London“ – „Klein London“.

1832: Nach 22 Jahren Bauzeit wird der Götakanal eröffnet und verbindet Göteborg mit Stockholm bzw. die Nordsee mit der Ostsee.

Mitte des 19. Jahrhunderts: Banken und Industriebetriebe siedeln sich in der Stadt an. Manufakturen in den Bereichen Tabak, Textil und Schiffsbau sind die Vorreiter und die Stadt boomt. Von 1800 bis 1900 verzehnfacht sich die Bevölkerung von 13.000 auf 130.000.

1833: Das Naturhistorische Museum wird eröffnet und ist heute das älteste Museum der Stadt.

1834: Nicht zuletzt wegen der katastrophalen hygienischen Bedingungen bricht in der sehr dicht bebauten Innenstadt eine Choleraepidemie aus, der 10 % der Bevölkerung zum Opfer fallen.

1840 bis 1850: Die drei dynamischen Werftbetriebe Götaverken, Lindholmen und Eriksberg werden gegründet, die über 120 Jahre lang das ökonomische Leben der Stadt mitbestimmen werden.

Um 1850: Göteborg ist sowohl größter Import- wie auch Exporthafen des Lan-

Der Götakanal – Schwedens Blaues Band

*Eine nach damaligen Gesichtspunkten verrückte Idee spukte bereits viele Dekaden durch Intellektuellenkreise, bis sie Anfang des 19. Jh. in den Bereich des Möglichen rückte. Unter tatkräftiger Federführung des deutsch-schwedischen Aristokraten und Offiziers Baltzar von Platen (*1766 auf Rügen), der ein Faible für Kanalbauten besaß, nahm das Projekt dann an Fahrt auf. Die Idee, Stockholm und Göteborg mit einem Wasserweg direkt zu verbinden, war so brillant wie einfach. Ein Kanal, der die beiden riesigen schwedischen Binnenseen Vänern und Vättern als natürliche Wasserstraßen nutzte, würde die* ***Schiffsverbindung zwischen den zwei Metropolen um über 800 km verkürzen.*** *Der Umweg durch den dänisch kontrollierten Öresund entfiele und auch die Zollabgaben an das Kopenhagener Königshaus könnte man sich sparen. Der schwedische Reichstag ließ sich – nicht zuletzt aufgrund des militärischen Arguments der Möglichkeit eines schnellen Truppentransports von Ost nach West (oder umgekehrt) – überzeugen und stellte das immense Kapital dafür bereit.*

Die ***technische Herausforderung*** *eines solchen Kanalbaus war sehr groß und von Platen war Offizier, Adeliger, Politiker und Staatsmann, aber kein Bauingenieur. In dem Briten Thomas Telford, den er bei Forschungsreisen zum Thema Kanalbau in England kennengelernt hatte, fand er seinen technisch-genialen Gegenpart. Telford war der brillanteste Straßen-, Brücken- und Kanalbauer seiner Zeit und noch heute zeugen Dutzende Bauwerke, insbesondere im Vereinigten Königreich, von seiner Ingenieurskunst. Erstmalig wurden britische Dampfbagger eingesetzt, um den Kanalbau vorwärts zu treiben. Das Gros der Arbeit wurde jedoch manuell mit Holzspaten von fast 60.000 Soldaten geleistet. Insgesamt buddelten sie sich durch 190 km schwedisches Binnenland und schufen 58 Schleusen. Zusammen mit den natürlichen Wasserwegen hatte der Götakanal bei seiner Einweihung 1832 eine Gesamtlänge von 390 km. Baltzar von Platen hat die Fertigstellung seines Lebenswerks nicht mehr erlebt: Er starb 1829.*

Die Bedeutung des Götakanals blieb insbesondere wegen des Aufkommens einer neuen Technik deutlich hinter den Erwartungen zurück. Die Eisenbahn war viel schneller als die behäbigen Boote des Götakanals und bereits 1862 bestand eine direkte Zugverbindung zwischen Stockholm und Göteborg. Einzig unverderbliche Massenware wie Holz, Kohle und Eisenerz wurde weiterhin über den Kanal befördert. Nach Jahren des (Fast-)Vergessens erlebte das wichtigste Wunderwerk Schwedens, von Lesern einer Tageszeitung 2007 dazu gewählt, eine Renaissance. In den 1970er-Jahren wurden mehr und mehr Touristen auf das Blaue Band aufmerksam und heute verkehren in der Sommersaison einige ***Touristenboote zwischen Nord- und Ostsee.*** *Selbst das älteste Passagierschiff der Welt, die 1874 in Dienst gestellte „M/S Juno", verrichtet noch immer gemütlich seinen Dienst auf dem Götakanal. Auch die Reisegeschwindigkeit ist nicht schneller geworden: Heute noch benötigt ein Schiff für die 390 km fünf bis sieben und selbst in der Nebensaison noch drei bis vier Tage.*

des und läuft allen Ostseehäfen Schwedens den Rang ab.

Zweite Hälfte des 19. Jh.: In Schweden beginnt eine bis dahin ungeahnte Auswanderungswelle in die Neue Welt. Innerhalb weniger Jahrzehnte wandern über eine Million Schweden in die USA aus. Dabei wird für die Auswanderer Göteborg zum Tor gen Westen. Über Großbritannien erreichen sie das Land der unbegrenzten Möglichkeiten.

1874: Die „Fiskekyrkan“ (Fischkirche) wird eröffnet und der unhygienische Fischverkauf unter freiem Himmel hat ein Ende.

Anfang des 20. Jahrhunderts: Göteborgs Hafen wird zum größten Hafen Skandinaviens. Neben den Werften dominieren neue Branchen das ökonomische Leben:

1907: Eine kleine Manufaktur namens SKF (Svenska Kullagerfabriken, dt. Schwedische Kugellagerfabrik) wird gegründet, die innerhalb weniger Jahre zum Weltmarktführer aufsteigt. Mit 15 Mitarbeitern gestartet, ist die Größe der Belegschaft gegen Ende des Ersten Welkriegs bereits auf 12.000 Personen hochgeschnellt.

Im Ersten Weltkrieg: Obwohl neutral, gibt es auf schwedischer Seite viele Opfer des uneingeschränkten deutschen U-Boot-Krieges. 690 Seeleute auf 98 zivilen Handelsschiffen kommen ums Leben. Zur Erinnerung an sie wird 1933 neben dem Seefahrtsmuseum ein 62 m hoher Turm eingeweiht.

1920: 225.000 Menschen wohnen in der Stadt.

1927: Als Ableger der SKF wird auf der Insel Hisingen Volvo gegründet und noch im gleichen Jahr rollt als erstes Serienfahrzeug der ÖV4 vom Band. 1999 wird die Pkw-Sparte der Marke Volvo vom US-Riesen Ford übernommen. Lastkraftwagen und Busse werden jedoch weiterhin erfolgreich in Eigenregie produziert.

Im Zweiten Weltkrieg: Schweden erklärt seine Neutralität und das Land kann sich erfolgreich – wenn auch mit massiven Zugeständnissen an Nazi-Deutschland – aus allen Kampfhandlungen heraushalten.

Nach 1945: Göteborg boomt als Exporthafen: Überall im zerstörten Europa werden schwedische Produkte, insbesondere Eisen und Holz für den Bausektor benötigt. Und die schwedische Wirtschaft kann problemlos liefern, da die Infrastruktur und alle Fabrikationsanlagen den Krieg unbeschadet überstanden haben.

1950: 350.000 Menschen bevölkern die Stadt.

1958: Die Sportarena „Ullevi-Stadion“ (vormals „Nya Ullevi“) wird pünktlich zur Fußball-WM fertiggestellt. Am 24. Juni besiegt die Gastgebermannschaft den amtierenden Weltmeister Deutschland hier im Halbfinale mit 3:1. Göteborg und ganz Schweden stehen Kopf.

1966: Olof Palme weiht die Älvsborgsbron ein, die die Hafeneinfahrt in 45 m Höhe überspannt. Damit hat Göteborg nach der Götaälvbron (1939) und dem Tingstadstunneln (Bauzeit 1961–68) die dritte feste Verbindung über den Götaälv.

1970er-Jahre: Trotz massiver staatlicher Hilfen endet die große Zeit der schwedischen Werften. Überkapazitäten, billiger produzierende Konkurrenz in Japan und Korea und schließlich die Ölkrise 1973/74 besiegeln das Ende des industriellen Schiffsbaus in Schweden. Auch eine Quasi-Verstaatlichung der schwedischen Werften im Jahr 1977 kann den Untergang nicht stoppen. Heute werden in den Göteborger Schiffsbaubetrieben hauptsächlich Reparatur- und Instandsetzungsarbeiten durchgeführt.

1989: Das Hafenareal wird wieder lebenswert gemacht und der industriellen Nutzung entzogen: Es eröffnet der rot-weiße Skanskaskrapan (im Volksmund schnell „Lippenstift“ getauft) und fünf Jahre später in Steinwurfdistanz die imposante Göteborger Oper.

027gb Abb.: ld

Juni 2001: Der EU-Gipfel in Göteborg macht in Schweden und auch europaweit große Schlagzeilen, die weniger mit der politischen Bedeutung des Treffens in Verbindung gebracht werden. Während des Konferenzwochenendes kommt es im gesamten Stadtzentrum zu massivsten Straßenschlachten zwischen EU-Gegnern und den eingesetzten schwedischen Polizeikräften. Erstmalig seit den 1930er-Jahren machen die – so der O-Ton eines Untersuchungsberichts – „überforderten" schwedischen Polizisten an dem Wochenende von der Schusswaffe Gebrauch und verletzen dabei drei Demonstranten. Zum Glück gibt es keine Toten.

2006: Der fast die gesamte Nordstadt unterquerende Götatunnel wird feierlich eröffnet. Der sechsspurige Autotunnel entlastet die Verkehrssituation im nördlichen Teil der Innenstadt deutlich.

2016: Die Immobilienpreise erklimmen im September ein neues Allzeithoch. Im Zentrum Göteborgs kostet ein Quadratmeter im Durchschnitt 58.000 Skr, also fast 6.000 € – eine Verdopplung seit 2006.

Der Oldtimer unter den Brücken: die Götaälvbron [K/L2] hat mehr als 70 Jahre auf dem Buckel

Leben in der Stadt

Die Göteborger unterscheiden sich von den „sonstigen Schweden" nicht nur durch ihren typischen Westküstendialekt, sondern auch durch ihre oft respektlos-schnoddrigen Kommentare und Bemerkungen, was man in Deutschland wohl als Berliner Schnauze bezeichnen würde.

Wie in den meisten Ländern dieser Erde sind es die inländischen Differenzen, die von den Ausländern oft nicht verstanden werden. Die ewige Rivalität zwischen Köln und Düsseldorf kann man einem ausländischen Besucher des Rheinlands auch nicht mit einem Satz erklären. Und so ist es auch mit den Göteborgern und ihrer **offen gepflegten Antipathie gegenüber Stockholm.** Für den Göteborger „liegt Stockholm an einem sterbenden Meer, auf dessen anderer Seite die russische Tundra beginnt". Aber auch das schöngeistige Element der Stockholmer wird despektierlich zur Seite gewischt: „Die Stockholmer schreiben Gedichte, wir schreiben Rechnungen." Diese Schnoddrigkeit ist nicht gleichzusetzen mit Unfreundlichkeit – vielmehr ist das Gegenteil der Fall und als fragender Besucher der Stadt wird man immer auf offene Ohren und hilfsbereite Hände stoßen.

Der Menschenschlag der „Göteborger" gilt als aufgeschlossener als der seiner Landsleute in anderen Regionen Schwedens. Die Jahrhunderte des Austauschs – sowohl des intellektuellen wie auch des von Waren – mit anderen europäischen und globalen Städten und Staaten haben ihre Spuren hinterlassen. Und das ausschließlich im positiven Sinn. **Weltoffenheit**, Interesse an Menschen aus anderen Ländern, ausgesprochen gute Fremdsprachenkenntnisse und eine fast schon mediterrane „Leichtigkeit“ der Einheimischen machen den Besuch Göteborgs so angenehm. Nicht grundlos nennen die Göteborger ihre Stadt auch gern und mit Stolz in der Stimme **„Lilla London“**, also „Klein London“. Die historischen Verbindungen zwischen Göteborg und Großbritannien reichen dabei bis ins 18. Jahrhundert zurück. Die Popularität spiegelt sich auch in der Namenswahl wider: In den 1950er-/60er-Jahren war der englische Name „Glenn“ an der schwedischen Westküste ungemein beliebt und somit ist es kein Wunder, dass im Jahr 1982 beim Fussballklub IFK Göteborg vier Spieler diesen Vornamen trugen.

Ähnlich wie viele andere europäische Metropolen, hat auch Göteborg gesellschaftliche Herausforderungen zu bewältigen. In den Vorstädten ballt sich die **zweite oder dritte Migrantengeneration**, die sich oft nur schwer in die Gesellschaft integrieren lässt. Moralische Wertvorstellungen, die auf anderen kulturellen Hintergründen basieren, mangelnde Bildung und teilweise defizitäre Kenntnisse der schwedischen Sprache sind, ähnlich wie auch in anderen EU-Staaten, die Hauptprobleme.

Da Göteborg sich mitten in einer Wachstumsphase befindet und auch die Prognosen für die kommenden Jahre eindeutig auf Expansion schließen lassen, befasst sich die Stadtverwaltung seit einiger Zeit intensiv mit **städtebaulichen Zukunftsvisionen**. Anhand eines Masterplans soll sich Göteborg positiv entwickeln und dabei helfen dreizehn strategische Fragen, die bei der Umsetzung immer im Hinterkopf bleiben sollen. Das Hauptaugenmerk liegt dabei auf der ökologischen Entwicklung. Verminderung des Individualverkehrs, Ausbau des öffentlichen Nahverkehrs, harmonische Abwägung zwischen Ökonomie und Ökologie insbesondere im Küstenbereich und Steigerung der Lebensqualität sind nur einige der Hauptforderungen der Stadtväter. Im Rahmen des sog. K2020-Plans soll der öffentliche Personennahverkehr zwischen dem Göteborger Stadtkern und den benachbarten Gemeinden bis 2025 verdoppelt werden. Dieses ehrgeizige Ziel soll mit massiven Investitionen in das Schienennetz von Eisen- und Straßenbahn erreicht werden. Schon heute zählt man mehr als 100 Millionen Fahrten jährlich mit den Wagen der Göteborger Straßenbahn. Und auch die Autofahrer spüren diese Pläne jeden Tag in ihrem Portemonnaie: Selbst im erweiterten Innenstadtbereich gibt es keine kostenlosen Parkplätze mehr.

Das kosmopolitische Flair der Stadt beruht einerseits auf den weltoffenen Bewohnern, andererseits aber auch auf den vielen internationalen Gästen. Der Hotelverband zählt in den 8000 Hotelzimmern der Stadt jährlich knapp vier Millionen Übernachtungen. Neben den vielen schwedischen Besuchern, auf deren Konto ca. drei Millionen Übernachtungen gehen, stammen die **Touristen** meist aus Norwegen (260 000 Übernachtungen), Deutschland (110.000), Großbritannien (90 000), Dänemark (74.000) und den USA (65.000). Und selbst aus Fernost kommen die Interessenten: über 30.000 Chinesen besuchten die Stadt im Jahr 2015. In den Sommermonaten ist der Arbeitsmarkt im Tourismussektor wie leergefegt, viele Schüler und Studenten springen dankbar in die Bresche und sichern sich auf diese Weise ihr Taschengeld oder die Finanzierung des nächsten Semesters.

Volvo – ein ur-schwedischer Konzern in Zeiten der Globalisierung

Als im Jahr 2007 in Torslanda, einem Göteborger Stadtviertel wenige Kilometer nördlich des Zentrums, die Sektkorken knallten, schien die Welt noch in Ordnung: Die Verantwortlichen des Volvo-Konzerns feierten im Stammsitz der Firma den 80. Geburtstag. Seit 1927 hieß es auf schwedischen und später allen Straßen der Welt „ich rolle" – die deutsche Übersetzung des lateinischen Namens „Volvo".

Nach dem Zweiten Weltkrieg war es zum **erstaunlichen Aufschwung** des kleinen, bis dato wenig bekannten Herstellers aus Göteborg gekommen. Durch mutige Designs – ob grazil wie das „Schneewittchensarg" genannte Model P1800 ES oder brachial wie die Modelle der späten 1970er- und der 1980er-Jahre – erreichten die Volvo-Pkws besonderen Liebhaberstatus. Hinzu kamen die innovativen Sicherheitstechnologien, die bei Volvo ausgesprochen schnell in die Serienproduktion einflossen. Ob Einführung des Drei-Punkte-Sicherheitsgurts (1959), des rückwärts gewandten Kindersitzes (1972) oder des Seitenairbags (1994): Immer war Volvo Marktführer.

Parallel zum Erfolg der schwedischen Personenkraftwagen wuchs das Portfolio der Marke Volvo und man engagierte sich ebenso im Lkw-Bau wie auch in Luft- und Raumfahrt. Ende der 1990er-Jahre mehrten sich die Stimmen, die ein Überleben der relativ kleinen Pkw-Produktion bei Volvo nur im Verbund mit einem größeren Partner für realistisch hielten. Der Verkauf ins Ausland wurde jedoch lange Zeit von der Regierung blockiert, da sie die Causa Volvo zu einer Frage des nationalen Interesses erklärte. Mit einem Kompromiss – die Volvogruppe als Mutterkonzern verblieb in schwedischen Händen und nur die Pkw-Sparte des Hauses sollte herausgelöst werden – konnten sich schließlich alle Involvierten anfreunden. Für 6,5 Milliarden Dollar übernahm Ford Anfang 1999 die Pkw-Produktion. Die einheitliche Vermarktung aller Produkte wurde vereinbart und so **existierten de facto „zwei Volvos"** unter dem bekannten Volvo-Logo. In der darauffolgenden Dekade liefen die Geschäfte solide (Volvo-Pkws) bis ausgezeichnet (Volvokonzern mit der Lkw-Sparte).

Externe Faktoren in den späten 00er-Jahren sollten wieder für Unruhe sorgen. Durch die **Finanzkrise 2008/2009** war auch der US-Riese Ford ins Trudeln geraten und suchte händeringend eine Möglichkeit, um an liquide Mittel zu gelangen. Diese Suche mündete schließlich im Dezember 2009 im Verkauf der Pkw-Sparte an den chinesischen Autohersteller Geely. Das Entsetzen war groß: Mit der amerikanischen Übernahme zehn Jahre zuvor hatten sich sowohl die schwedische Regierung, die Gewerkschaften und die Öffentlichkeit des Landes arrangieren können. Jetzt übernahmen die Chinesen das neben IKEA wohl „schwedischste" aller Unternehmen.

Doch die Kritiker lagen wohl falsch: Unter der chinesischen Führung stiegen die Verkaufszahlen von 300.000 (2009, dem letzten Jahr der Ford-Regentschaft) auf fast 500.000 (2015). Allein in China wurden 80.000 Volvos abgesetzt – alter Schwede!

PRAKTISCHE REISETIPPS

072gb Abb.: ld

An- und Abreise

Mit dem Flugzeug

Viele Besucher, die Göteborg für einige Tage kennenlernen möchten, reisen – insbesondere seit dem Aufkommen der Billigflieger in Europa – mit dem Flugzeug an. Schneller und preisgünstiger kann man die nordische Metropole aus Mitteleuropa auch nicht erreichen.

Landvetter Airport (internationaler Flughafencode „GOT“) ist der historische Platzhirsch, der seit fast 40 Jahren Gäste in Empfang nimmt oder verabschiedet. Nach Stockholm Arlanda ist er mit über sechs Millionen Reisenden pro Jahr (2015) der zweitgrößte Flughafen des Landes, der ca. 25 km östlich der Stadt liegt. Angeflogen wird er schwerpunktmäßig von den etablierten Fluggesellschaften wie Scandinavian SAS, Lufthansa, KLM, Air France und vielen mehr. Auf den Internetseiten der entsprechenden Airlines kann man problemlos weitere Informationen finden oder Flüge buchen. Norwegian Air fliegt von Berlin, München, Salzburg und Genf nach Göteborg, teilweise jedoch mit einem Zwischenstopp in Stockholm. Preisgünstige Verbindungen von vielen deutschen Flughäfen nach Landvetter – mit Zwischenlandung in Berlin-Tegel – bietet Air Berlin an

Die mächtigen Fähren der Stena Line dominieren den Hafen

Vorseite: Mit den Leihrädern von „Styr & Ställ“ (s. S. 109) kann man die Stadt flott erkunden

Die **Flughafenbusse** verbinden Landvetter innerhalb von 30 Minuten mit der Innenstadt. Die Taktung erfolgt in Intervallen von 15 bis 20 Minuten und der Fahrpreis beträgt 95 Skr (Hin- und Rückfahrticket 185 Skr). Insgesamt hält der Bus an vier zentralen Punkten in der Innenstadt: Korsvägen/Svenska Mässan, Berzeliigatan, Kungsportsplatsen und am Nils Ericson Terminal (Endstation, direkt an der Centralstation). Taxis kosten pro Weg 300 bis 420 Skr, man sollte vorher nach dem Preis fragen.

- **Flughafen Landvetter:** www.swedavia.se/landvetter
- **Norwegian Air:** www.norwegian.no
- **Air Berlin:** www.airberlin.com
- **Lufthansa:** www.lufthansa.com
- **SAS:** www.flysas.com/de/de
- **Flughafenbusse:** www.flygbussarna.se

Mit der Fähre

Eine wirklich spannende Alternative zur Anreise über Land oder per Flugzeug stellt die **Fährverbindung Kiel–Göteborg** dar. Auf diese Weise kann man den Städtetrip um eine Minikreuzfahrt erweitern. Die Fähren der Stena Line verlassen Kiel täglich um 18.45 Uhr und erreichen Göteborg am darauffolgenden Tag um 9.15 Uhr morgens. Vom Terminal („Tysklandsterminal“) der Stena Line kann man zu Fuß ins Zentrum gehen oder sich bequem ab Haltestelle „Kaptensgatan“ mit den Straßenbahnlinien 3 und 9 (Fahrzeit ca. 15 Min.) chauffieren lassen. Optional kann man auch seinen Pkw mitnehmen, um sich eine optimale Mobilität in Schweden zu sichern. Aber auch einfache Personentickets ohne fahrbaren Untersatz sind buchbar.

Fähren in Richtung Deutschland verlassen ebenfalls um 18.45 Uhr den Anleger und legen am nächsten Morgen um 9.15 Uhr in Kiel an.

Über den dänischen Hafen Frederikshavn kann man Göteborg auch erreichen. Die Fahrzeit beträgt ca. 3,5 Stunden (je nach Fähre variiert die Fahrzeit um ca. 15 Minuten) und Fußgänger bezahlen für die Fahrscheine der günstigsten Kategorie gerade einmal 15 €. Insbesondere in den Wintermonaten bietet Stena Line attraktive Paketangebote an – am besten auf der Homepage der Reederei einmal nachschauen:

› www.stenaline.de

Mit dem Auto

Die Anreise mit dem Pkw hat den besonderen Reiz, dass man unterwegs noch viel von der **skandinavischen Natur** zu sehen bekommt. Unterschiedliche Routen bieten sich hierfür an, wobei zumeist mindestens einmal mit der Fähre übergesetzt werden muss. Entweder nutzt man die oben genannten Schiffsverbindungen der Stena Line oder man fährt über Dänemark (die einzige fährfreie Route führt über die Große Belt- und Öresundbrücke). Alternativ setzt man von Mecklenburg-Vorpommern an die schwedische Südspitze über (Rostock–Trelleborg). In Schweden angekommen, fährt man dann auf der sehr gut ausgebauten E6/E20 immer an der Küste entlang gen Norden.

Mit dem Bus

In Schweden ist das **Überlandbusnetz sehr gut ausgebaut.** Preisgünstige Alternativen zum Flugzeug oder zum Zug, auch auf internationalen Routen, stellen die Firmen Nettbuss, Eurolines oder Swebus dar. Weitere Infos findet man unter folgenden Internetpräsenzen:

› www.nettbuss.se
› www.swebus.se
› www.eurolines.de

Mit dem Zug

Eisenbahnfreunde wählen die flotteste Verbindungen **über Hamburg und Kopenhagen** nach Göteborg, wobei

073gb Abb.: ld

044gb Abb.: ld

in der dänischen Hauptstadt der Zug gewechselt werden muss. Die Züge enden direkt im zentral gelegenen Hauptbahnhof Göteborgs. Die Fahrt ab Hamburg dauert dabei ca. 10 Std.

Autofahren

Ein gut ausgebautes Straßennetz sowie die **relativ geringe Verkehrsdichte** machen Autofahren in Schweden zu einer angenehmen Angelegenheit. Es sei denn, arg strapazierte Gäste aus dem Autofahrerland Deutschland bringen kein Verständnis für Ampeln oder Kreisverkehr auf Autobahnen auf oder dafür, dass die Strecke Göteborg–Stockholm kurzfristig gesperrt wird, da für einen Hobbykapitän die Brücke hochgelassen werden muss. Für Schweden gehört dies zur Selbstverständlichkeit, sich selber sollte man bei Gelegenheit daran erinnern, dass man sich ja im Urlaub befindet.

Diese relativ geringe Verkehrsdichte findet sich allerdings nicht im Ballungsraum Göteborg, dort wird die Geduld durch hohes Verkehrsaufkommen häufig auf eine harte Probe gestellt, obwohl der 2006 eröffnete Götatunnel im Norden der Stadt für eine deutlich spürbare Entlastung gesorgt hat. Aber wieso soll es den Göteborgern diesbezüglich auch anders ergehen als den Autofahrern anderer europäischer Großstädte?

Ebenfalls sollte man sich nicht wundern, wenn der hilfsbereite Schwede bei der Frage, wie weit denn Göteborg noch entfernt liege, die durchaus korrekte Auskunft erteilt, es seien nur noch 25 Meilen, obwohl es doch tatsächlich 250 km sind: In Schweden gibt es noch die **Maßeinheit „schwedische Meile“**, die 10 km entspricht.

Der Göteborger Hauptbahnhof [M4] ist Dreh- und Angelpunkt für regionale und internationale Verbindungen

Bei Pannen wendet man sich am besten an den Motormännens Riksförbund (Tel. 020 911111), ist der Pkw noch fahrtauglich, sucht man eine *bilverkstad* (Autowerkstatt) oder einen *bilservice* (Auto-Service).

Hilfreich sind vielleicht auch die Gelben Seiten (http://gulasidorna.eniro.se). Außerdem kann man sich auch direkt an seinen Automobilklub in der Heimat wenden. Die drei größten für Deutschland, Österreich und die Schweiz:

- **ADAC** (Deutschland): Tel. +49 89 222222, unter Tel. +49 89 767676 gibt es auch Adressen von deutschsprachigen Ärzten in der Nähe des Urlaubsortes (Liste auch vorab anforderbar)
- **ÖAMTC** (Österreich): Tel. +43 1 2512000 oder für medizinische Notfälle Tel. +43 1 2512020
- **TCS** (Schweiz): Tel. +41 22 4172220

Tanken

Schweden verfügt über ein **gut ausgebautes Tankstellennetz.** Die Zapfsäulen sind jeweils nach der möglichen Art der Bezahlung markiert: bei *Kort* zahlt man mit der Kredit- oder der jeweiligen Tankkarte, bei *Sedel* direkt an der Zapfsäule mit Geldscheinen, bei *Kassa* an der Tankstellenkasse.

An den Zapfsäulen wird Benzin mit Oktanzahlen von 95 und 98 angeboten. Der in Deutschland als Superbenzin angebotene Treibstoff hat 95 Oktan und heißt in Schweden folglich „95 Oktan“. Super Plus weist 98 Oktan auf und die Namensgestaltung ist im Schwedischen sehr stringent: Super Plus heißt im Norden demnach „98 Oktan“ und Diesel heißt *Diesel.*

Auskunft über aktuelle Preise erhält man unter www.bensinpriser.se. Generell kann aber gesagt werden, dass Tanken in Schweden im Vergleich zu Deutschland nicht mehr teurer, sondern eher günstiger geworden ist. So kostet ein Liter Super ca. 13,50 Skr (ca. 1,40 €) und Diesel 13 Skr (ca. 1,35 €), Stand Herbst 2016.

Parken

Die **Parkplatzsituation** in Göteborg ist dank der beeindruckenden Anzahl von 158.000 Abstellplätzen relativ entspannt – vorausgesetzt natürlich, man ist auch bereit dafür zu zahlen und will nicht mit aller Gewalt und letzter Kraft einen kostenfreien Parkplatz finden.

Damit die Situation auch in Zukunft so bleibt, hat die Stadt Göteborg im Herbst 2009 mit der „Parkeringspolicy“ ein Zukunftskonzept entworfen, das eine kontrollierte Entwicklung gewährleisten soll. Kernpunkt dabei ist die Erhaltung einer attraktiven, lebenswerten Stadt, in der Nachhaltigkeit und soziale, ökonomische und ökologische Kriterien ausgewogen nebeneinander stehen sollen. Eine bewusste Bevorzugung des öffentlichen Nahverkehrs und des Fahrrads wird in dem Konzept explizit festgeschrieben.

Die Parkplätze an der Straße sind in **acht unterschiedliche Zonen** eingeteilt. Die jeweils geltende Zone kann man auf den blauen Parkscheinautomaten ablesen und sie bestimmt den Stundenpreis. Dabei reicht das Spektrum von Zone 1 = 30 Skr bis Zone 7 = 5 Skr. Bezahlt werden kann an den Automaten entweder mit Münzen oder mit der Kreditkarte. Mit der Göteborg City Card (s. S. 10) ist das Parken auf kommunalen Straßenparkplätzen gratis.

Über die ganze Innenstadt verteilt findet sich ein Netz kommerzieller

Parkmöglichkeiten. Ob Tiefgarage, Parkhaus oder einfach ebenerdiger Parkplatz – das Angebot ist ausgezeichnet. Eine ungewöhnliche Parkmöglichkeit findet man im (!) Götaälv, etwas nördlich der Einmündung des Rosenlundkanals: Ein **schwimmendes Parkhaus** liegt dort fest vertäut. Eine übersichtliche Karte mit sämtlichen Parkmöglichkeiten der Stadt findet man unter: www.p-bolaget.goteborg.se.

Und man sollte sein Auto immer ordnungsgemäß abstellen bzw. die Parkgebühr auch wirklich entrichten. **Knöllchen** aus dem Ausland sind zwar vielleicht ein exotisches Souvenir, aber ob dieses Stück Papier einem 400 bis 900 Skr wert ist – so viel kosten die Strafzettel in Göteborg–, sollte man sich vorher gut überlegen. Wer sein Auto besonders rücksichtslos parkt, der muss auch im konfliktarmen Schweden mit dem Abschlepphaken rechnen. Abgesehen von den Lauf- und Scherereien kostet das „Umparken" durch Dritte mindestens 1300 Skr mit deutlich Luft nach oben für etwaige Zusatzkosten.

Verkehrsregeln

Einige **abweichende Verkehrsregeln** gilt es in Schweden zu beachten:

- Die Autos müssen ein **Nationalitätskennzeichen** haben.
- Es ist immer – auch am Tag – mit **Abblendlicht** zu fahren.
- Für **Kinder** bis sieben Jahre sind Kindersitze vorgeschrieben.
- Die **Alkoholgrenze** liegt bei 0,2 Promille.
- In Ortschaften beträgt die **Geschwindigkeitsbegrenzung** 50 km/h, in Wohngebieten teilweise 30 km/h. Außerhalb geschlossener Ortschaften darf 70 bis 90 km/h, auf Autobahnen 90 bis 120 km/h gefahren werden. Pkw mit Wohnwagen dürfen nicht schneller als 80 km/h, mit ungebremstem Anhänger nicht schneller als 40 km/h fahren.

046gb Abb.: ld

045gb Abb.: ld

- Der **Seitenstreifen** darf genutzt werden, um überholenden Fahrzeugen Platz zu machen.
- Die Verkehrsschilder, die auf **Wildwechsel** hinweisen, sind unbedingt ernst zu nehmen – wer schon einmal einen ausgewachsenen Elch gesehen hat, der kann sich die Konsequenzen eines Zusammenstoßes erschreckend gut vorstellen.
- Der **Führerschein** (der nationale oder ein internationaler Führerschein) muss mitgeführt werden, ebenso ist die Grüne Versicherungskarte sinnvoll.
- Die verhängten **Bußgelder** sind vergleichsweise sehr hoch, auf Milde oder Verständnis sollte man nicht hoffen, da die Polizei diesbezüglich als relativ humorlos gilt.

Bitte Parkschein lösen - sonst kann es teuer werden

Das schwimmende Parkhaus auf dem Götaälv

Mietwagen

Wer nicht mit dem eigenen Pkw anreist, aber trotzdem auf die individuelle Mobilität nicht verzichten möchte, dem bietet sich natürlich die Möglichkeit, ein Auto zu mieten. Besonders für Tagesausflüge ins Umland sind die „eigenen" vier Räder zu empfehlen. Alle großen Autoverleiher haben mehrere Filialen in Göteborg, zumeist in der Innenstadt und am Flughafen:

- **Avis**: www.avis.se, Avis Göteborg Heden (City), Södra Vägen 23, Tel. 010 4943230; Göteborg Landvetter Airport, Tel. 031 94 7330
- **Budget**: www.budget.se, Göteborg Heden, Södra Vägen 23, Tel. 010 4948230; Göteborg Landvetter Airport, Tel. 031 94 6500
- **Europcar**: www.europcar.se, Göteborg City, Nils Ericsonplatsen 17, Tel. 031 7501530; Göteborg Landvetter Airport, Tel. 031 3892020
- **Hertz**: www.hertz.se, Hauptbahnhof (Central Station), Tel. 031 803730; Göteborg Landvetter Airport, Tel. 031 946020
- **Sixt**: www.sixt.se, Hedin Bil Mercedes, Flöjelbergsgatan 24, Tel. 031 7601040; Göteborg Landvetter Airport, Tel. 0301 31990

Barrierefreies Reisen

Die Möglichkeiten für Menschen mit Behinderungen, sich in Göteborg unabhängig zu bewegen, sind besonders im Vergleich zu anderen europäischen Großstädten ausgeprägt, wie das Beispiel des öffentlichen Personennahverkehrs zeigt: Die Straßenbahnen und öffentlichen Busse sind behindertengerecht ausgestattet. Etwas problematischer sind nur die älteren Straßenbahnen, aber die freundlichen Fahrer oder Passanten helfen sicherlich gerne über die Stufen hinweg.

Zudem bieten die meisten **Taxis** ausreichend Platz, um einen Rollstuhl mitzuführen. Vorheriges Nachfragen beim jeweiligen Taxiunternehmen erscheint allerdings sinnvoll. Die Ampeln in Göteborgs Straßen sind mit akustischen Signalen ausgestattet, die Bürgersteige sind breit, in einem guten Zustand und vielerorts für Rollstuhlfahrer abgesenkt.

Auch sind die **Gebäude** auf die Bedürfnisse Behinderter eingerichtet. Alle öffentlichen Gebäude müssen von Gesetzes wegen für Menschen mit Behinderungen erreichbar sein. Folglich finden sich hier behindertengerechte Zugänge. Ebenfalls wurde per Gesetz verfügt, dass jedes Gebäude mit mehr als drei Stockwerken einen Aufzug haben muss.

Toiletten für Rollstuhlfahrer gibt es in vielen Restaurants, Einkaufszentren oder öffentlichen Einrichtungen. Einige Hotels bieten darüber hinaus spezielle Allergiker-Zimmer an. Generell kann man davon ausgehen, dass die Menschen in den Unterkünften, Museen und anderen öffentlichen Einrichtungen den speziellen Bedürfnissen Behinderter gegenüber aufgeschlossen sind.

Vor Antritt der Reise sollte man jedoch auch Kontakt zu der heimischen **Behindertenorganisation** aufnehmen. Dort sind vielfach spezielle und detaillierte Informationen und Hilfen von professioneller Seite erhältlich. In Schweden selbst erhält man Unterstützung vom Schwedischen Behindertenverband, der auch in Göteborg eine Dependance unterhält:

- › **De Handikappades Riksförbund (DHR),** Slottsskogsgatan 18, Tel. 031 7046050, www.dhr.se/goteborg

Diplomatische Vertretungen

- •105 [L4] **Deutsches Honorarkonsulat in Göteborg,** Rechtsanwalt Fredrik Vinge, Nordstadstorget 6, Tel. +46 10 6141600
- › **Deutsche Botschaft („Tyska Ambassaden Stockholm"),** Skarpögatan 9, Stockholm, Tel. 08 6701500, Notfallnummer außerhalb der normalen Öffnungszeiten: Tel. +46 70 8529420, www.stockholm.diplo.de
- •106 [L4] **Österreichisches Honorargeneralkonsulat in Göteborg,** Kyrkogatan 48, Tel. +46 31 161078
- › **Österreichische Botschaft in Stockholm,** Kommendörsgatan 35/V, Tel. +46 8 6651770, www.bmeia.gv.at/oeb-stockholm
- › **Schweizer Botschaft in Stockholm,** Valhallavägen 64, Tel. +46 8 6767900, www.eda.admin.ch/stockholm

Elektrizität

Die Elektroanschlüsse werfen in Schweden **keine Probleme** auf: Bei 220 Volt werden die üblichen Steckdosen verwendet. Auf Adapter kann folglich verzichtet werden.

Geldfragen

Schweden ist zwar in der EU, jedoch kein Mitglied in der Währungsunion. Folglich ist die gültige Währung die Schwedische Krone (Svenska Krona, Skr) und nicht der Euro. Eine Schwedische Krone besteht aus 100 Öre. Im Alltag spielt die Untereinheit der Krone jedoch keine Rolle mehr: Im Jahr 2010 wurde als letzte Öre-Münze das 50-Öre-Stück abgeschafft. Damit endete auch eine jahrhundertelange Tradition, da die Währungseinheit Öre älter als die Krone war.

› **Umrechnungskurs** (Stand: Nov. 2016):
1 € = 9,60 Skr, 1 CHF = 8,80 Skr,
1 Skr = 0,10 €, 1 Skr = 0,11 CHF

Preislich ist der Urlaub in Göteborg günstiger, als es die über Jahre festgefügten Vorurteile über das nordische Preisniveau wahrhaben wollen. So haben sich die deutschen und schwedischen Preise insbesondere nach dem schwedischen EU-Beitritt 1995 mehr und mehr angenähert.

Vergleicht man deutsche Supermarktpreise mit ihren schwedischen Pendants, so ist ein Unterschied kaum noch festzustellen. Preisliche Ausreißer nach oben sind jedoch noch immer Süßigkeiten und Alkoholika. Modische Textilien oder sportliche Freizeitbekleidung kann man teilweise – insbesondere im schwedischen Ausverkauf – günstiger als daheim erstehen. Und die Autofahrer

Göteborg preiswert

Das Großstadtleben – insbesondere im hohen Norden – hinterlässt im Portemonnaie doch manchmal größere Löcher, als vorher angedacht. Es gibt jedoch auch in Göteborg ***einige Schnäppchen:***

› *Für insgesamt 22 Skr kann man in Göteborg eine* ***Stadtrundfahrt, eine Minikreuzfahrt und eine Inselwanderung*** *machen. Mit der Straßenbahnlinie 11 ab Centralstationen fährt man einmal durch die komplette Innenstadt und anschließend parallel zum Götaälv bis nach Saltholmen. Dort wartet schon der Dampfer in den Schärengarten und nach 60 bis 70 Minuten Gesamtfahrzeit ist man beispielsweise auf Brännö – oder auf einer der anderen idyllischen Inseln des Archipels* 25 *– und kann per pedes die wunderschöne Insel erkunden.*

› *Alljährlich im Hochsommer (Mitte August) findet in Göteborg das „Kulturkalaset“ statt. Um einen Einblick in die schwedische Musikszene zu erhalten ist das* ***gigantische Innenstadtfest*** *der ideale Ort. Dutzende Bands und Interpreten spielen auf mehreren Bühnen auf – Eintritt frei.*

› *Eine* ***Hafenrundfahrt,*** *in Hamburg bezahlt man dafür mindestens 10 €, kostet in Göteborg nur etwa 2,20 €: mit den Älvsnabben-Fähren kann man ganz gemütlich ab Lilla Bommen Richtung offenes Meer schippern und zurück – mit der „Västtrafikkarte“ (s. S. 125).*

› *Im Bältespännarparken, der direkt gegenüber dem Stora Teatern (s. S. 71) liegt, gibt es in den Dezemberwochen vor Weihnachten eine Attraktion, die originell, romantisch und sogar gänzlich kostenfrei ist. Ein Fotograf macht dort* ***Fotos von sich küssenden Menschen*** *und finanziert wird das vom Göteborger Fremdenverkehrsamt. In einem mittleren Schneegestöber (den modernen Schneekanonen sei Dank) kann – schwedische Liberalität lässt grüßen – jeder jeden küssen und erhält anschließend ein professionelles Foto seiner Lippenakrobatik. Nur den oder die zu Küssenden muss man schon selber mitbringen …*

stellen fest, dass sich die Treibstoffpreise in Schweden und Deutschland kaum unterscheiden.

Ansonsten fühlt man sich in monetären Angelegenheiten wie zu Hause, z. B. dürfte beim ersten Gebrauch eines schwedischen Geldautomaten (*Bankomat*) ein gewisser Wiedererkennungseffekt eintreten. Mit der **weitverbreiteten EC-/Maestro-Karte** und Geheimnummer kann man in Schweden auch im kleinsten Städtchen Bargeld abheben, gleiches gilt für **V-Pay-Karten. Kreditkarten** sind bei den Nordlichtern deutlich populärer als bei uns. So findet man praktisch keinen volljährigen Schweden, der nicht mit der Kreditkarte zahlt, und wenn es nur die Packung Kaugummi in der Tankstelle ist. Auch abends wird gern mit dem Plastikgeld bezahlt und so ist es gang und gäbe, dem Barkeeper, bei dem man ein Bier und eine Cola bestellt hat, die Kreditkarte leger auf die Theke zu legen. Normalerweise erfolgt die Verifikation der Kreditkarte beim Bezahlen – wie auch für EC-Karten üblich – über einen PIN-Code. Wer für seine Kreditkarte keine PIN hat, kann in der Regel aber auch mit seiner Unterschrift die Zahlung bestätigen.

Wer **Bargeld wechseln** will, sucht entweder eine Bank auf oder entscheidet sich für die kleinen **Wechselstuben,** die auch deutlich kundenfreundlichere Öffnungszeiten als die Geldinstitute bieten. In der Innenstadt gibt es diverse Wechselstuben, besonders markant sind die gelben Filialen der Forex-Kette.

- •107 [M4] **Forex Centralstationen,** im Hauptbahnhof, Tel. 010 2101678, Mo.–Fr. 7–21, Sa. 9–19, So. 10–19 Uhr
- •108 [M6] **Forex,** Kungsportsavenyn 22, Tel. 010 2111679, Mo.–Fr. 9.30–18.30, Sa. 10–15 Uhr

Umrechnungskurs am Geldautomaten

Beim Abheben von Bargeld in Landeswährung wird manchmal angeboten, dass die Abrechnung mit dem eigenen Konto in Euro erfolgen kann. Das Verfahren ist als Dynamic Currency Conversion (DCC) bekannt. Wählt man diese Option, die ja sicherer erscheint, wird aber ein ungünstiger Wechselkurs zugrundegelegt, der erhebliche Kosten verursachen kann. Deshalb sollte man Abhebungen immer in der Landeswährung vom eigenen Konto abbuchen lassen. Dann legt die eigene Bank den offiziellen Devisenkurs zugrunde.

Informationsquellen

Infostellen zu Hause

Das **schwedische Fremdenverkehrsamt** hat seinen Hauptsitz im nordschwedischen Östersund, man kann es aber über eine Frankfurter Telefonnummer kontaktieren:

- **Visit Sweden,** Voltvägen 32, 83148 Östersund, Schweden, Tel. in D: 069 22223496, www.visitsweden.com

Auch aus der Schweiz (Tel. 044 5806294) oder Österreich (Tel. 01 9286702) kann man das Fremdenverkehrsamt zum Inlandstarif anrufen.

☐ *Das Göteborger Touristenbüro am Kungsportsplatsen ist erste Anlaufstelle für interessierte Stadtbesucher*

Infostellen in der Stadt

Die wirklich ausgezeichnete Göteborger Touristeninformation befindet sich im Herzen der Stadt am Kungsportplatsen.

- **109** [L5] **Göteborgs Turistbyrå,** Kungsportsplatsen 2, Tel. +46 (0)31 3684200, www.goteborg.com, Mai–Aug. tägl., Sept.–Apr. Mo.–Fr. 9.30–17, Sa. 10–14 Uhr. Die Mannschaft der Touristeninformation ist ausgesprochen hilfreich und kompetent. Auf (fast) alle Fragen gibt es hier eine Antwort. Über Hotelbuchungen oder Transportalternativen kann man sich hier ebenfalls kundig machen. In den Räumlichkeiten kann man auch Souvenirs, Postkarten und Bücher zum Thema Göteborg erstehen. Im Büro selbst sollte sofort eine Wartenummer gezogen werden, damit man möglichst schnell per blinkender Leuchtschrift zum Schalter gerufen wird.
- **110** [L4] **Göteborgs Turistbyrå,** Nordstadstorget, Tel. +46 (0)31 3684200, Mo.–Fr. 10–20, Sa./So. 10–18 Uhr. Die Filiale des Turistbyrås im Einkaufszentrum Nordstan ist eine gute Alternative zum Hauptbüro, da es hier oft etwas ruhiger zugeht und die Wartezeiten deshalb kürzer sind.

Informationen zu Überlandbussen oder landesweiten bzw. internationalen Zugverbindungen erhält man in der Centralstationen und dem angeschlossenen Nils Ericson Terminal. Zugverbindungen kann man ausgesprochen nutzerfreundlich auf der Homepage der schwedischen Eisenbahn unter **www.sj.se** recherchieren. Früh genug gebucht kann man ganz erstaunliche Schnäppchen machen wie z. B. die Fahrt mit dem X 2000, dem schwedischen Pendant zum deutschen ICE, von Göteborg nach Stockholm für umgerechnet knapp 10 €.

Der mit Abstand größte **Ticketbroker** für Konzerte und Veranstaltungen aller Art in Schweden ist die Firma **www.ticketmaster.se.**

Göteborg im Internet

- **www.goteborg.com:** Der umfangreiche Internetauftritt des Göteborger Fremdenverkehrsamtes ist ein idealer Anlaufpunkt, um aktuelle Ereignisse und Veranstaltungen in der Stadt in Erfahrung zu bringen. Aber auch übergeordnete Kategorien wie „Hotels" oder „Essen" können bei der Reisevorbereitung helfen.
- **http://cityguide.se/goteborg:** Allgemeine Infos zu Göteborg mit einem Schwerpunkt auf Konzerten, Musicals, Veranstaltungen und Sonstigem aus dem Unterhaltungssektor bietet die kommerzielle Homepage von CityGuide.

047gb Abb.: ld

- **www.thelocal.se:** Nachrichten und Informationen aus Schweden sind in den deutschsprachigen Medien eher selten zu finden. Auf der Seite „The Local" werden interessante innenpolitische Verwicklungen, wirtschaftliche Tendenzen und kulturelle Ereignisse auf Englisch präsentiert.
- **www.ilovegoteborg.se:** Unter dem Motto „Wir lieben Göteborg" gibt es komprimierte Informationen zu Stadt und Leuten, Architektur, Kultur, Essen und Trinken.
- **www.elchburger.de:** Hinter diesem eigenwilligen Namen verbirgt sich ein breit gefächertes deutsches Skandinavien-Portal. Über die Eingabe von „Göteborg" in der Suchleiste landet man dann schnell bei vielerlei Infos zu besonderen Ereignissen und Veranstaltungen in der westschwedischen Metropole.
- **www.vastsverige.com:** Für Ausflüge oder Touren ins Göteborger Umland (wobei sich die Westschweden außerhalb von Göteborg nicht als Anhängsel der Großstadt oder Umland sehen, sondern explizit auf ihre Eigenständigkeit pochen) bietet das westschwedische Touristenbüro eine hilfreiche digitale Plattform.

Publikationen und Medien

Wie in den meisten Großstädten weltweit ist auch in Göteborg das breiteste Spektrum an **internationaler Presse** am Hauptbahnhof, also in der Centralstationen, erhältlich. Neben Dutzenden von schwedischen Blättern aus allen Landesteilen ist auch die internationale Presse gut vertreten. Im Bereich der internationalen Publikationen findet man in den Zeitungsständern der Kioske auch viele deutsche Zeitungen und Magazine. Nur die englischen Blätter sind quantitativ noch besser vertreten als die in deutscher Sprache.

In den Sommermonaten bieten auch viele Kioske und Lädchen im Innenstadtbereich fremdsprachige Zeitschriften feil. Einfach mal vor Ort schauen oder sich **mutig eine schwedische Gazette kaufen:** Für deutsche Muttersprachler ist die schwedische Schriftsprache gar nicht so schwer, wie man denken mag. Die Vielzahl an Leihworten aus dem Deutschen macht eine oberflächliche Lektüre durchaus möglich und zumeist findet man schnell heraus, worum es in den Artikeln geht.

Informationsbroschüren, Stadtpläne und aktuelle Veranstaltungskalender in gedruckter Form liegen in vielen Unterkünften und Gastronomiebetrieben kostenfrei aus. Gebündelt und immer erhältlich sind die Publikationen selbstverständlich auch im Göteborger Fremdenverkehrsamt (s. S. 101). Mit einer jährlichen Taktung erscheint das Gratismagazin **Göteborg City Guide**, das in drei Sprachen (schwedisch, englisch oder deutsch) erhältlich ist. In übersichtliche Kapitel eingeteilt findet man hier viele nützliche Adressen und kurze Erklärungen zu den Attraktionen der Stadt. Hilfreich sind auch – sollte man den Faltplan dieses Buches gerade nicht zur Hand haben – der Stadtplan und die Schären-Übersichtskarte am Ende des Heftchens.

Die zwei wichtigsten Gazetten der Stadt, **Göteborgs Posten** (GP) und **Göteborgs Tidning** (GT), sind Tageszeitungen. Die Göteborgs Tidning ist dabei deutlich näher am Boulevard orientiert, währende die Göteborgs Posten eher das Weltgeschehen analysiert und das Promi-Eifersuchtsdrama nicht auf Seite eins hebt. Beide bieten jedoch auch einen ausführlichen Lokalteil mit entsprechendem Veranstaltungskalender an.

Meine Literaturtipps

- *Selma Lagerlöf:* ***Wunderbare Reise des kleinen Nils Holgersson mit den Wildgänsen,*** *München 1992. Anfang des 20. Jahrhunderts von der späteren Literaturnobelpreisträgerin Selma Lagerlöf geschrieben, war es ursprünglich als Geografiebuch für schwedische Schüler konzipiert. Doch die liebevoll geschriebene Geschichte des ungezogenen Nils, der zur Strafe in einen Däumling verwandelt wird, begeisterte die Leser weltweit und wurde in über 60 Sprachen übersetzt.*
- *Selma Lagerlöf,* ***Gösta Berling,*** *München 2007. Auszüge dieses Werks gewannen den ersten Preis eines Literaturwettbewerbs einer lokalen Tageszeitung, bevor es zu einem der berühmtesten Bücher Schwedens wurde und die Verfasserin damit den Durchbruch schaffte. Die Schilderungen des Landlebens und die spannenden Charaktäre rund um den versoffenen Priester Gösta Berling sind auch heute noch absolut lesenswert.*
- *Kurt Tucholsky,* ***Schloss Gripsholm,*** *Köln 2006. Vermutlich das bekannteste Buch im deutschsprachigen Raum, das seinen Schauplatz im Schweden der späten 1920er-Jahre hat. Die Liebesgeschichte, eine sommerlich erotische Ménage à Trois, wird von dunklen Wolken am Horizont überschattet.*
- *Ausgesprochen schnelles Seitenblättern garantieren die Krimis von* ***Åke Edwardson,*** *der insbesondere mit dem Göteborger Kommissar Erik Winter eine Romanfigur geschaffen hat, die sich nicht hinter Mankells Wallander verstecken muss. Von „Tanz mit dem Engel“ (1997) bis hin zu „Das dunkle Haus“ (2014) ermittelte Winter bereits in elf Fällen. Im Sommer 2015 erschien dann endlich bei Ullstein mit „Marconipark“ der neuste Fall des nachdenklichen Kommissars auf Deutsch. Eine tolle Milieu- und Epochenstudie der 1960er-Jahre stellt Edwardsons „Der Jukebox-Mann“ dar, der auch Nicht-Krimi-Fans ansprechen dürfte.*
- *Die Kripo Göteborg ermittelt auch bei den Morden von* ***Helene Tursten,*** *die einem schauerlichen Handwerk nicht mehr nachgeht – sie war Zahnärztin –, sondern nun darüber mit gutem und spannendem Stil berichtet. Ihre Kommissarin Irene Huss, die im Gegensatz zu anderen Protagonisten schwedischer Krimis ein glückliches Familienleben pflegt, hat Tursten inzwischen auch schon zehnmal ermitteln lassen. Ob „Der Novembermörder“, „Der erste Verdacht“ oder „Im Schutz der Schatten“, die Polizeiromane von Tursten (erschienen im btb Verlag) sind zu empfehlen – egal ob man gerade in Göteborg verweilt oder zu Hause auf dem Sofa liegt.*
- ***„Das Schweden-Kochbuch“*** *von Margareta Schildt Landgren eröffnet dem interessierten Leser eine bunte, kulinarische Reise durch das Land im hohen Norden. Ob man sich vor der Schwedenreise in Stimmung bringen oder nach der Reise in Erinnerungen schwelgen möchte – mit den liebevoll beschriebenen Rezepten und den unterhaltsamen Hintergrundgeschichten ist beides möglich.*

Internet

Wer auch während seines Göteborgaufenthalts mit der Heimat oder dem Rest der Welt verbunden sein möchte, dem steht die WWW-Welt zur Verfügung.

Da im modernen Schweden praktisch jeder Bewohner über ein mobiles Endgerät mit einem potenziellen Internetzugang verfügt, sind in den letzten Jahren die kommerziellen, stationären Angebote wie Internetcafés oder Surfstations in den Kiosken weggebrochen. In einigen wenigen Hotels gibt es noch den einsamen, in die Jahre gekommen Computer in der Ecke mit Zugang zum Netz, doch sollte man darauf wirklich nicht vertrauen und die eigene Technik mit nach Göteborg nehmen.

Die meisten **Hotels** verfügen über ein offenes und kostenloses WLAN-Netz, in das man sich problemlos mit dem Laptop oder dem modernen Handy einwählen kann. Ist das Netzwerk geschützt, so hilft zumeist eine kurze Anfrage an der Rezeption und man erhält das Passwort.

In der Stadt selbst ist die drahtlose Verbindung ins Netz ebenfalls problemlos möglich. Insbesondere die Göteborger Innenstadt ist übersät mit **Hotspots** und die Router der Cafés, Kneipen und Restaurants senden ihre Signale lustig durch die ganze Stadt. Auch hier hilft bei verschlüsselten Netzwerken oft ein freundliches Nachfragen bei der Bedienung nach dem entsprechenden Netzwerkschlüssel und schon ist man verbunden.

Ein **freies WLAN**, das weder mit Verzehr im Café oder Restaurant noch mit dem Aufenthalt in einem Hotel verbunden ist, existiert aber auch in der Stadt. Am Flughafen Landvetter kann man das Gratisangebot für drei Stunden nutzen und im Hauptbahnhof, der „Centralstation", gibt es weder eine zeitliche noch eine Volumenbegrenzung. Und auch die Touristeninfo bietet den Besuchern ihren schnurlosen Zugang zur Welt des WWW kostenfrei an. Jedoch muss das Passwort hierfür kurz erfragt werden.

Seit Frühling 2016 ist auch die Stadt Göteborg auf den Internetzug aufgesprungen und bietet an zehn stark frequentierten Orten im Stadtgebiet das **„Gothenburg Free WiFi"** an. Im Zentrum der Stadt stehen die Router am Straßenbahn-Knotenpunkt Brunnsparken und am Götaplatsen sowie am Korsvägen. Offiziell bezeichnet die Stadtverwaltung den freien Netzzugang als Versuch, dessen Verlauf gegen Ende des Jahres 2016 ausgewertet werden soll. Da kann man als Besucher nur auf einen Erfolg hoffen, um sich Kosten für das mobile Internet in Zukunft sparen zu können.

Medizinische Versorgung

Aufgrund internationaler Abkommen sind EU-Bürger bei ärztlichen Behandlungen den Schweden gleichgestellt, folglich kommen auch sie relativ problemlos in den Genuss des modernen schwedischen Gesundheitssystems.

Mit der **European Health Insurance Card (EHIC)**, die in den meisten deutschen Krankenkassenkarten integriert ist, können notwendige medizinische Leistungen beim Arzt, Zahnarzt oder im Krankenhaus in Anspruch genommen werden. Da man nach dem in Schweden gültigen Recht behan-

048gb Abb.: ld

delt wird, kann es durchaus zu Zusatzzahlungen kommen. Sollte es Probleme geben (ein Arzt nimmt die Karte beispielsweise nicht an und rechnet die Kosten privat ab), ist es in jedem Falle sinnvoll, Rechnungen zu sammeln und diese in der Heimat bei seiner Krankenkasse einzureichen. Bürger aus Nicht-EU-Staaten, also auch Schweizer Staatsbürger, werden für alle medizinischen Behandlungen zur Kasse gebeten.

Zudem können beim Arztbesuch auch Gebühren in Höhe von ca. 240 bis 400 Skr anfallen. Um auch diesen Betrag sowie Leistungen, die nicht im üblichen Versicherungspaket enthalten sind (zum Beispiel ein Rücktransport), erstattet zu bekommen, ist eine **Auslandskrankenversicherung** ratsam, die schon für wenige Cent pro Tag abgeschlossen werden kann. Diese sollte eine Reiserückholversicherung enthalten, denn der Krankenrücktransport wird von den gesetzlichen Krankenkassen nicht übernommen. Zusätzliche Informationen liefern die jeweiligen Krankenkassen im Heimatland oder auch die „Deutsche Verbindungsstelle für Krankenversicherung – Ausland" (www.dvka.de).

Das moderne schwedische Gesundheitssystem kennt nicht das System niedergelassener Fachärzte, vielmehr wendet man sich bei akuten Problemen an die nächste **Unfallambulanz (Akutmottagning)**, das nächste **Krankenhaus (Sjukhus)** oder **Ärztezentrum (Vårdcentral)**. Bei Zahnarztbesuchen (*Tandläkare*) muss man mit wesentlich höheren Eigenanteilen rechnen.

Über Sprachbarrieren muss man sich beim Arztbesuch keine großen

In sehr vielen Restaurants und Cafés kann man WLAN-Hotspots kostenlos nutzen

Gedanken machen: Vielfach wird man dort auch auf **deutschsprachige Ärzte** treffen. Medikamente sind in **Apotheken (Apoteket)** erhältlich, in den meisten Fällen allerdings nur gegen Rezept. Ist man auf Medikamente angewiesen oder aber weiß im Voraus, auf welche Medikamente nicht verzichtet werden soll, so empfiehlt es sich, diese aus seinem Heimatland mitzubringen. Geöffnet haben die Apotheken zu normalen Geschäftszeiten, Nachtapotheken sind mit der Bezeichnung *nättöppet* versehen.

- ✚111 [K6] **Capio Axess Akuten,** Södra Allégatan 6, Tel. 031 7250075, Mo.–Fr. 8–22 Uhr, Sa./So. 10–16 Uhr. Ärztehaus im Zentrum Göteborgs mit allgemeinmedizinischer Ausrichtung und Notaufnahme, kinderärztliche Behandlung.
- ✚112 [K10] **Sahlgrenska sjukhuset (Universitätsklinik Sahlgrenska),** Sahlgrenska Universitätssjukhuset, Tel. 031 3421000, alle Tage, rund um die Uhr. Großer Krankenhauskomplex mit allen medizinischen Fachrichtungen; wenige Hundert Meter südöstlich des Slottskogen gelegen.
- ✚113 [Q9] **Fredriksdals läkarhus,** Mölndalsvägen 77, Tel. 031 7221190, Mo.–Fr. 8–17 Uhr. Ärztehaus mit einem Schwerpunkt auf HNO-Erkrankungen und Allergien.
- › **Tandvården Göteborg (Zahnarzt-Zentrale),** Tel. 010 4418800. Telefonische Auskunft, die einem bei Anruf einen Zahnarzt zuweist, der die entsprechenden Qualifikationen aufweist wie z. B. deutschsprachig zu sein.
- ✚114 [L4] **Apoteket Hjärtat,** Nordstan, Tel. 0771 405405, tägl. 8–22 Uhr. Liegt im Shoppingcenter Nordstan.
- ✚115 [L5] **Apoteket Kronan,** Östra Hamngatan 45 (direkt am Kungsportsplatsen), Tel. 0771 612612, Mo.–Fr. 9.30–19, Sa. 10–16, So. 12–16 Uhr

Mit Kindern unterwegs

Nicht erst seit der PISA-Studie weiß man, dass dank einer **weitsichtigen Familienpolitik** in Schweden offensichtlich anders und vor allem rücksichtsvoller mit Kindern umgegangen wird. Dies wird man als Gast des Landes schnell im Alltag bemerken. In jeder noch so kleinen Kommune finden sich beispielsweise eine Schule, ein Kindergarten, gut ausgebaute Sportanlagen sowie eine Bibliothek. Viele Unterkünfte bieten speziell familiengerechte Zimmer an. Der Personennahverkehr ist gut mit Kinderwagen zu bewältigen, die fast überall vorzufindenden Aufzüge tun ihr Übriges. In den Zügen gibt es ebenso Wickelräume wie in den zahlreichen (öffentlichen) Toiletten. Besucht man mit Kindern Museen oder ähnliche Einrichtungen, so werden dort wie selbstverständlich Kinderwagen angeboten. Kindgerechte Multimediaeinrichtungen oder Führungen eigens für Kinder sind dort ebenfalls keine Seltenheit. Möchte man Kultur ohne den Nachwuchs genießen, so ist dieser in der pädagogisch geschulten Obhut der zahlreichen „Spielzimmer" gut aufgehoben, sogar in den Kirchen findet man spezielle Spielecken.

Zudem empfiehlt es sich, nach Ermäßigungen zu fragen: **Preisnachlässe bis hin zum freien Eintritt** werden in Museen oder bei Veranstaltungen fast immer gewährt, z. B. fahren Kinder bis sieben Jahre kostenlos Bus und Bahn. Werden Kindersitze benötigt, so ist dies rechtzeitig bei den Autoverleihern nachzufragen. In Gaststätten gibt es Kindersitze, mitgebrachte Nahrung für Kleinkinder wird dort aufgewärmt. Der Erwerb von Babynahrung oder anderen Kleinkinderutensilien (Windeln, Feuchttücher

049gb Abb.: ld

usw.) gestaltet sich für Besucher auch problemlos: In den Supermärkten, Drogerien und Apotheken findet man alles, was das Mutter- beziehungsweise Vaterherz höher schlagen lässt. Weitere Ratschläge finden sich in den Broschüren „Schweden für Kinder“ und „Göteborg City Guide“, die in der Tourist-Info am Kungsportsplatsen (s. S. 101) ausliegen.

Besonders zu empfehlen und **absolut kindgerecht** sind folgende Attraktionen Göteborgs: Vergnügungspark Liseberg ⓫, Universeum ⓬, Stadtrundfahrt mit den Paddan-Booten (s. S. 20), das Seefahrtsmuseum mit dem angegliederten Aquarium (s. S. 48) und das schwimmende Museum Maritiman ❸, das Volvo-Museum (s. S. 49) für die etwas Älteren und natürlich auch das spannende Naturhistorische Museum (s. S. 48) mit seinen Dinosauriernachbildungen und gleich daneben der Slottsskogen ㉒ mit Streichelzoo und Ponyreiten. Eine Vergnügung der etwas anderen Art ist das „Spiel- und Herumtobeland“:

- •116 [I1] **Lek- & Buslandet,** Herkulesgatan 1 (im Hinterhof), Straßenbahnlinien 5, 6 und 10 bis Haltestelle Hjalmar Brantingsplatsen, Tel. 031 232121, www.lekobus.se, tägl. 10–20 Uhr, Eintritt: 70 Skr (1–2 Jahre), 130 Skr (2–17 Jahre), Erwachsene als Begleitung haben freien Eintritt. Ein Halle voll mit Kinderträumen – von der Eisbahn über diverse Sportfelder in Miniaturgröße, Kletterwände oder verschiedene Rutschen – wird den Kleinen und Mittelgroßen angeboten. Und das gegenseitige „Beschießen“ mit den 25 Softballkanonen macht den Vätern oft noch mehr Spaß als dem Nachwuchs.

Gummi-Dinos dürfen im Naturhistorischen Museum (s. S. 48) nicht fehlen

Notfälle

Die schwedischen Institutionen, die man in Not- und Ausnahmefällen kontaktieren muss, sind ausgesprochen hilfsbereit, freundlich und fast immer in der Lage, einem auch sprachlich (zumeist auf Englisch, manchmal auch auf Deutsch) unter die Arme zu greifen.

- **Notruf** Polizei, Feuerwehr/Ambulanz und Seenotrettungsdienst: Tel. 112
- 117 [N4] **Polizei (Polisen) Göteborg City,** Stampgatan 28, Tel. 11414 (bei Notfällen siehe oben!)
- •118 [N3] **Fundbüro der Polizei (Göteborg Hittegodscentralen),** Odinsgatan 28b, Tel. 031 7394600
- •119 [M4] **Fundbüro Öffentlicher Nahverkehr (Västtrafik),** Hotellplatsen 4, Tel. 031 802088 oder 0771 414300, Mo.–Fr. 10–17.30 Uhr
- •120 [M2] **Fundbüro Schwedische Bahn (SJ Hittegods),** Kämpegatan 12, 0722 032025 oder 0722 032026

Bei **Verlust der Debit-(EC-), Kredit-** oder **SIM-Karte** gibt es für Kartensperrungen eine **deutsche Zentralnummer** (unbedingt vor der Reise klären, ob die eigene Bank bzw. der jeweilige Mobilfunkanbieter diesem Notrufsystem angeschlossen ist). **Aber Achtung:** Mit der telefonischen Sperrung sind die Bezahlkarten zwar für die Bezahlung/ Geldabhebung mit der PIN gesperrt, nicht jedoch für das **Lastschriftverfahren mit Unterschrift.** Man sollte daher auf jeden Fall den Verlust zusätzlich **bei der Polizei zur Anzeige bringen,** um gegebenenfalls auftretende Ansprüche zurückweisen zu können.

In **Österreich** und der **Schweiz** gibt es keine zentrale Sperrnummer, daher sollten sich Besitzer von in diesen Ländern ausgestellten Debit-(EC-) oder Kreditkarten vor der Abreise bei ihrem Kreditinstitut über den zuständigen Sperrnotruf informieren.

Generell sollte man sich immer die **wichtigsten Daten** wie Kartennummer und Ausstellungsdatum **separat notieren**, da diese unter Umständen abgefragt werden.

- **Deutscher Sperrnotruf:** Tel. +49 116116 oder Tel. +49 3040504050
- **Weitere Infos:** www.kartensicherheit.de, www.sperr-notruf.de

Öffnungszeiten

Die Öffnungszeiten der Geschäfte sind **recht unterschiedlich**, sodass eine generelle Aussage schwerfällt. Läden öffnen ihre Türen am späten Vormittag ab 10, 11 oder auch schon mal erst um 12 Uhr (bis 18 Uhr), Kaufhäuser öffnen etwas früher. An Wochenenden fallen die Zeiten etwas verkürzt aus, aber viele Geschäfte, vor allem im Innenstadtbereich, laden auch samstags und sonntags zum Einkaufen ein.

Lebensmittelgeschäfte können auch ab 8/9 Uhr geöffnet haben und schließen erst zwischen 20 und 22 Uhr. Dies gilt teilweise auch für das **Wochenende.** Die meisten der 7-Eleven-Shops sind rund um die Uhr an sieben Tagen der Woche geöffnet. Einige offene Bäckereien findet man auch schon ab 6.30 Uhr. In den Sommermonaten können diese Öffnungszeiten etwas abweichen, sie fallen dann in der Regel verkürzt aus. Auch gibt es einige Inhaber, die in dieser Zeit ihre Geschäfte gänzlich schließen, ähnlich wie einige Restaurants. Verkürzte Öffnungszeiten (bis mittags) gelten auch an Tagen vor einem Feiertag.

Wenn man sich bei einem Bankbesuch an den Zeiten zwischen 10 und 15 Uhr orientiert, liegt man meistens richtig. Manchmal gibt es einen Tag in der Woche, an dem längere Zeiten für den Publikumsverkehr existieren (z. B. donnerstags 16.30/17.30 Uhr). Auch haben einige Banken **verkürzte Sommeröffnungszeiten.**

Post

Die Post ist an Schildern mit blauem Posthorn und Krone auf gelbem Hintergrund zu erkennen, manchmal sind die Farben auch genau andersherum. Es gibt blaue Briefkästen für den lokalen Briefverkehr, die innerschwedischen und internationalen Sendungen kommen in die gelben Briefkästen.

Aber nicht nur in den klassischen Postfilialen (Öffnungszeiten Mo.–Fr. 9.30–18, Sa. 10–13 Uhr) kann man **Dienstleistungen rund um das Posthorn** erwerben, sondern auch in Kiosken, kleinen Lebensmittelgeschäften und in diversen Supermärkten, insbesondere in denen der COOP-und ICA-Ketten. Briefmarken kann man auch zusammen mit Cola und Hotdog bei 7-Eleven oder den Läden der Pressbyrån-Kette erstehen.

Ein Brief, der von Schweden in ein anderes europäisches Land verschickt wird, kostet als „1:a-klassbrev" 13 Skr und sollte innerhalb von zwei bis drei Tagen sein Ziel erreichen.

Informationen zu anderen Postdienstleistungen sind im Web unter www.postnord.se zu recherchieren.

✉**121** [K5] **PostNord Göteborg,** Ekelundsgatan 3, Tel. 077 1333310, Mo.–Fr. 8–18 Uhr. Hier erhält man alle postalischen Dienstleistungen sowie Brief- und Paketservice.

Radfahren

Göteborg ist, nicht zuletzt dank der vielen Studenten, eine Stadt, die **ideal mit dem Fahrrad zu erkunden** ist. Die wenigen Hügel im Innenstadtbereich sind flott zu umfahren und am Wasser entlang gibt es erfahrungsgemäß keine bergigen Hindernisse. Einfacher und sicherer wird die Erkundung durch ein **Radwegenetz** von inzwischen 350 km Länge.

Im Jahr 2014 wurde das neue **Fahrradvermietungssystem „Styr & Ställ"** (dt. Lenken & Abstellen) durch die Stadt Göteborg und die Verkehrsbetriebe Västtrafik implementiert. An 60 Standorten innerhalb des Stadtgebiets kann man sich als Besucher problemlos ein Rad mieten. Für nur 25 Skr bekommt man an den Kreditkartenterminals, die an fast allen

050gb Abb.: ld

Liebevoll gestalteter Briefkasten auf der Schäreninsel Brännö

Ausleihstationen aufgestellt sind, ein 3-Tages-Ticket (kostenlos für Inhaber der City Card, s. S. 10). In den folgenden 72 Stunden kann man nun gratis Fahrradfahren. Das ist aber nur dann gratis, wenn die Fahrt nicht länger als 30 Minuten dauert. Wird die halbstündige Frist überschritten, werden für die nächste halbe Stunde 10 Skr von der Kreditkarte gebucht (die dritten 30 Minuten schlagen mit 20 Skr und jede weitere halbe Stunde mit 40 Skr zu Buche). Diese Zusatzkosten umgeht man, wenn man das Rad nach spätestens 30 Minuten an einer Station wieder abgibt und sich einfach nach einigen Sekunden ein neues Velo ausleiht. Detaillierte Infos unter www.goteborgbikes.se.

Private Anbieter – ohne die 30-Minuten-Regel – sind folgende:

- S122 [M6] **Cykelkungen,** Chalmersgatan 19, www.cykelkungen.se, Tel. 031 184300, werktägl. 10–18, im Sommer auch samstags 10–14 Uhr. Der „Fahrradkönig" ist eine der ersten Anlaufadressen bei allem rund ums Velociped inklusive des Verleihs. Tagesmiete für ein einfaches 3-Gang-Rad ab 200 Skr, für avanciertere Modelle mit bis zu 24 Gängen muss man ca. 350 Skr auf den Tisch des Hauses legen.
- › **1-2-3 bike,** Brännö, südl. Schärengarten, www.1-2-3-bike.com, Tel. 0761 091936, tägl. 5–18 Uhr. Ein ausgesprochen cleveres Geschäftsmodel verbirgt sich hinter diesem Internetauftritt. Per SMS kann man sich den Freischaltcode für die verschlossenen Räder (ab 90 Skr pro Tag) an der Radstation schicken lassen. Einziges Manko: Da die Bezahlung über die Handyrechnung erfolgt, können Nicht-Schweden den Service nicht direkt nutzen, sondern müssen zur Klärung der finanziellen Modalitäten telefonischen Kontakt unter der angegebenen Nummer aufnehmen.

Schwule und Lesben

Schweden pflegt dank seiner **insgesamt liberalen und toleranten Denkweise** eine ebensolche Einstellung in Hinsicht auf Lesben und Schwule. Die Rechte homosexueller Paare sind im Großen und Ganzen mit denen ihrer heterosexuellen Pendants identisch, sie dürfen Kinder adoptieren, die gleichgeschlechtliche Hochzeit ist seit 1995 erlaubt.

Erst seit wenigen Jahren wird in Göteborg das **HBTQ-Festival** (Homo-Bi-Trans-Queer) veranstaltet. Die „West Pride" mit der schrillen Regenbogenparade wächst Jahr für Jahr und wird seit 2011 im Bälterspännarparken direkt an der Avenyen abgehalten. Die Homepage der Aktivisten ist unter folgender Adresse zu finden: http://westpride.se.

Wie so häufig finden sich auch in Schweden die wahrzunehmenden Szenen dieser bunten Welt in den Metropolen wie Göteborg oder Stockholm wieder. Insgesamt betrachtet kann die gleichgeschlechtliche Community jedoch nicht als allzu groß bezeichnet werden, für Touristen ist sie in der Öffentlichkeit auf den ersten Blick nicht unbedingt wahrzunehmen.

Einen Szeneschwerpunkt, dort wo sich mehrere schwulenfreundliche Lokalitäten finden ließen, gibt es in Göteborg nicht. Die **Kneipen und Bars sind bunt über das gesamte Stadtgebiet verteilt:**

- 123 [L5] **Bee Bar & Kök,** Stora Saluhallen, Kungstorget 13–15, Tel. 031 133839, www.beebar.se, Mo.–Do. 11.30–23, Fr./Sa. 11.30–3, So. 11.30–22 Uhr. Die BeeBar passt so richtig in keine Schublade: Sie ist sowohl Restaurant, als auch Kneipe, als auch Bar, als auch Klub. Letzteres jedoch nur am Wochenende ab 22 Uhr, wenn der schwule Klub Barbee zur Tanzfläche ruft. Das Motto der BeeBar – „Straight Friendly“ – ist auch Programm: Heteros wie auch Homos sollen sich hier wohlfühlen. Der Klub ist absolut zentral in der großen Markthalle am Kungstorget gelegen.

› **Club Queer,** Kungportsportsavenyn 36–38 (in den Räumlichkeiten des Nachtklubs Park Lane, s. S. 68), www.clubqueer.se, immer am letzten Freitag des Monats von 23–3 Uhr. Ob maskuline Waschbrettbäuche oder breitschultrige „Damen“ jenseits der 1,90 m, einmal pro Monat trifft man sich an der Avenyn zum nächtlichen Tanztee.

124 [L4] **Gretas Bar & Kök,** Drottninggatan 35, http://clubgretas.wix.com/gretas, Tel. 031 136949, Fr./Sa. 21–4 Uhr. Auch wenn im Namen noch „Bar und Küche“ auftaucht, so täuscht das doch über den wahren Charakter vom Gretas hinweg: Hier treffen sich am Wochenende zu Saturday- (und Friday-) Night-Fever die partyfreudigen Mitglieder des Göteborger Schwulenlebens. Im Sommer kann es draußen schon mal wieder hell werden, bevor die letzten Tänzer das Etablissement verlassen.

125 [H6] **Haket Pub,** Första Långgatan 32, www.haketpub.se, Tel. 031 145888, Mo.–Do. 17–1, Fr./Sa. 17–2 Uhr. Von außen betrachtet wirkt der Haket Pub eher wie eine ganz normale, vielleicht etwas rauere Bierkneipe. Letzteres stimmt auch zweifelsohne – mehr als 350 Biersorten sind im Angebot –, aber das Publikum ist doch ausgesprochen gemischt: Ein buntes HBT-Publikum (Homo-Bi-Trans) und „eingestreute“ Heteros, die auch gerne mal auf den Großbildfernsehern Fußball live gucken, mischen den Laden insbesondere an den Karaokeabenden richtig auf. Und um die wilde Mischung zu komplettieren: Die Speisekarte ist durch und durch japanisch und der Chef de Cuisine heißt Kazuko!

Sicherheit

Schweden ist insgesamt betrachtet ein äußerst **sicheres Reiseland.** Die Wahrscheinlichkeit, Opfer eines Verbrechens zu werden, ist minimal, solange man sich an in allen Großstädten gleichermaßen gültige Grundregeln hält.

Nicht erst seit Winston Churchills Bonmot („Ich glaube nur der Statistik, die ich selbst gefälscht habe“) ist allgemein bekannt, dass Statistiken immer vom Standpunkt des Betrachters abhängig sind. Doch die schwedische Kriminalstatistik ist außerordentlich eindeutig: ca. 60 % aller in Schweden begangenen Verbrechen fallen unter die Rubrik „Eigentumsdelikte“ und selbige sind auch die Hauptgefahr für Touristen. Plätze und Orte, an denen sich viele Menschen tummeln, sind automatisch ein bevorzugtes Jagdrevier für **Taschendiebe.** Dort sollte man besondere Vorsicht walten lassen, aber auch sonst immer aufmerksam auf seine persönlichen Habseligkeiten achten.

Nächtens ist es zudem keine gute Idee, allein durch **abgelegene Vorstädte** zu schlendern …

Sport und Erholung

Kanu- und Kajakfahren

Göteborg bietet vielfältige Ertüchtigungs- und Erholungsmöglichkeiten. Neben den zahlreichen kommerziellen Angeboten wie Fitnessstudios, Squash-, Badminton- oder Tennishallen gibt es natürlich auch mehrere überdachte Schwimmmöglichkeiten. Besonders hervorzuheben, da sie sich deutlich von den gewöhnlichen Angeboten abheben, sind die ausgesprochen **vielfältigen Wassersportmöglichkeiten wie Kajak- oder Kanu fahren.**

Inmitten des Zentrums, direkt am Lilla Bommen gelegen, befindet sich ein Bootsverleih, der einem die persönliche Wunschausrüstung sehr gern zusammenstellt:

S126 [L3] **Point 65°N Kayak Center,** Lilla Bommens Hamn, Tel. 031 150103, www.point65.se, 1.4.–30.9. Sowohl stunden-, tages- wie auch wochenweise können hier die schwimmenden Untersätze gemietet werden. Die Preise beginnen ab 179 Skr. Interessant ist auch das Angebot „Langes Wochenende", das eine Kajakmiete von Do. bis Mo. für 349 Skr vorsieht.

Zum Paddeln in Süßwasser bieten sich zwei Verleiher in relativer Innenstadtnähe an.

051gb Abb.: ld

S127 **Näsets Paddlarklubb/ Delsjön Kanotuthyrning,** Sjölyckan, am nördlichen Ende des Stora Delsjön, am besten mit dem eigenen Auto zu erreichen, Tel. 031 403488, www.npk.nu, Juni–August täglich 10–20 Uhr, April/Mai und September/Oktober 11–18 Uhr nur an den Wochenenden. Kanadier ab 100 Skr für zwei Stunden, pro Tag 400 Skr (nur Kreditkartenzahlung).

S128 **Stensjö Center,** Rådavägen 6, Mölndal, ab Busterminal Heden mit der Buslinie 753 bis zur Haltestelle Tallkottegatan, von dort nur 50 m per pedes, alternativ mit der Straßenbahnlinie 4 bis Mölndal Zentrum, von dort ca. 2 km zu Fuß Richtung Stensjön, Tel. 031 274884, www.stensjocenter.se, Jun.–Aug. tägl. 11–21 Uhr, Mai und Sept. nur am Wochenende. Die Kanumiete auf dem ausgesprochen ruhigen Stensjö beginnt ab 80 Skr pro Stunde, für einen ganzen Tag 300 Skr. Alternativ – für „Semi-Wasserenthusiasten" – kann man an der Anlage auch Abenteuergolf spielen: Das ist so etwas wie Minigolf für Rocker (50 Skr p. P.)!

Baden

Zum **Baden** bieten sich an der Meeresküste und auch an den Binnenseen in der Göteborger Peripherie **unzählige Möglichkeiten** an. Insbesondere an der südlichen Küste reiht sich Badestelle an Badestelle und davor liegt der Schärengarten 25 mit seiner ausgedehnten Küstenlinie.

Die Touristeninformation am Kungsportsplatsen (s. S. 101) gibt auf Anfrage den Minifaltplan „ta ett dopp" mit den 23 schönsten Badeplätzen rund um Göteborg heraus. Oder man installiert die „Badplatsen App" auf seinem Smartphone (s. S. 143).

Angeln

Große Fische fangen kann man in Göteborg! Dabei muss man sich zwischen zwei Alternativen entscheiden: Süß- oder Salzwasserangeln ist hier die Frage. Beim **Süßwasserfischen** benötigt man in den meisten Gewässern im Großraum Göteborg die *Gula Kortet,* die **Gelbe Angelkarte**, die das Angeln in 58 Seen erlaubt. Diese Gelbe Karte kostet für 24 Stunden 50 Skr und für eine komplette Woche 100 Skr. Dabei kann es einem durchaus passieren, dass man sich im Kampf mit dem Weißen Hai wähnt: Der aktuelle Fangrekord für Hecht liegt bei 16,5 kg (gefangen im Sävelången) und der für Karpfen bei unglaublichen 17,22 kg (gefangen im Härlanda Tjärn).

Weitere Rekorde, aber auch alle anderen notwendigen Informationen sowie die Gelbe Karte erhält man beim schwedischen Sportanglerverband, Dependance Göteborg.

S129 Sportfiskarna, Sjölyckan 6, 41655 Göteborg, Tel. 031 401740, www.sportfiskarna.se/goteborg

Beim **Angeln auf See** benötigt man keine Angelkarte, aber eine robustere Ausstattung. Die Fangchancen erhöhen sich massiv, wenn man mit einem Boot aufs offene Meer hinausfährt. Diverse Bootsbesitzer offerieren deshalb halb- bzw. ganztägige Angeltouren. Nachfolgend eine kleine Auswahl:

- **Göteborg Fishing Charter,** www.goteborgfishing.se, Tel. 0708 200384, 0704 332859. Die Angeltouren auf Lachsforelle oder Makrele beginnen bei 950 Skr p.P. für eine vier- bis sechsstündige Ausfahrt. Tourstartpunkt nach Absprache. Die beiden Betreiber der Fisch-Charter-Touren verfügen über große Angel-Expertise: der 45-jährige Lennart Andersson rühmt sich seiner 50-jährigen Angelerfahrung!
- **Daisy Charter Fishing,** Boot legt an Hjuviks Brygga an/ab, mit der Buslinie 24 ab Nils Ericson Terminalen Richtung Hjuvik (Fahrzeit ca. 40 Min.), Tel. 031 363013, www.daisy.se, im Betrieb: Apr–Okt, mind. acht Personen. Eine sechsstündige Fahrt kostet pro Person 680 Skr mit eigener Angelausrüstung und 800 Skr mit geliehener Rute.

◁ *Die Kajakvermietung am Hafen Lilla Bommen ermöglicht eine Erkundung der Stadt vom Wasser aus*

Sprache

Hinsichtlich **Fremdsprachen** sind die Göteborger wie auch die meisten Schweden eine Klasse für sich. Neben dem intensiven Fremdsprachenunterricht schon in frühester Kindheit und den nicht synchronisierten Filmen kommt auch noch das kosmopolitische Element hinzu. Göteborg hat weitverzweigte internationale Verbindungen und durch den Hafen kommen alljährlich viele nicht Schwedisch sprechende Personen in die Westküstenmetropole, mit denen muss man sich auch unterhalten bzw. mit ihnen Geschäfte machen können.

Mit Englisch kommt man in 90 % der Situationen weiter, aber häufig klappt es auch auf **Deutsch,** da dies zumeist die zweite (oder dritte) Fremdsprache ist. Wer nun noch einige Worte oder sogar Sätze auf **Schwedisch** beisteuern kann, der wird mit großem Wohlwollen betrachtet und sicherlich ob seiner „brillanten" Schwedischkenntnisse von den Muttersprachlern noch gelobt werden.

Erste Gehversuche – um Komplimente der Schweden zu „provozieren“ – kann man mit der „Kleinen Sprachhilfe“ im Anhang (s. S. 130) tätigen.

Hilfreich, um das kommunikative Eis zu brechen, ist hierbei der Sprachführer **Schwedisch – Wort für Wort**, der in der Kauderwelsch-Reihe des Reise Know-How Verlags erschienen ist.

Stadttouren

Ob per Bus, Boot oder klassisch zu Fuß – Göteborg kann auf vielerlei Art erkundet werden. Geführte Touren ermöglichen in einem übersichtlichen Zeitrahmen die Hauptsehenswürdigkeiten zu sehen oder aber auch versteckte Kleinode zu entdecken. Mit den grünen Sightseeingbussen lernt man die Stadt, insbesondere den Innenstadtbereich, gut kennen. Die **Rundfahrten** in den Cabriobussen – im Winter oder bei schlechtem Wetter rollt man in der geschlossen Variante durch die Straßen – dauern ca. 50 Minuten und kosten 170 Skr (Kinder von 6 bis 15 Jahren 85 Skr). Abfahrtspunkt ist dabei das Stora Teatern am nördlichen Ende der Kungsportsavenyn 14. Sprachliche Erläuterungen werden dabei multilingual, u. a. in Schwedisch, Englisch und Deutsch gegeben. Außerdem fahren von Mai bis August **HopOn-HopOff-Busse**, mit denen man für einen Preis von 200 Skr 24 Std. lang an diversen touristisch interessanten Stationen aus- und später wieder einsteigen kann. Ebenfalls im Angebot sind **Fahrten mit Paddan-Booten** zum einen als 50-minütige Rundfahrten (Ende März–Mitte Oktober, 170 Skr) und zum anderen als HopOn-HopOff-Version (7. Juli–20. August, 24 Std. für 200 Skr). Wer sich nicht zwischen den Transportmitteln entscheiden kann, wählt die **Kombination aus Bus und Paddan-Boot** als HopOn-HopOff-Variante (7. Juli–20. August, 24 Std. für 320 Skr). Weitere Informationen findet man auf der Website www.stromma.se/sv/Goteborg (s. auch Extratipp s. S. 20).

Attraktiv ist auch das sommerliche und weihnachtliche Angebot der Vereinigung der Straßenbahnfreunde Göteborgs. Für 25 Skr kann man **mit Straßenbahn-Oldtimern** gemächlich durch die Innenstadt zuckeln und eine ausgesprochen günstige Stadtrundfahrt genießen.

› **www.ringlinien.org**

Zu den wirklich empfehlenswerten Rundfahrten zählen die Touren mit den Paddan-Booten durch Göteborgs Kanäle (s. S. 20). Eine aquatische Alternative sind die eigenständigen Kajakfahrten (s. S. 111) auf den **Göteborger Wasserwegen.**

Abwechslungsreiche Stadtspaziergänge kann man bei „Walknet –

052gb Abb.: ld

Göteborg till fots“ buchen. Dabei variieren die Dauer (jeweils zwischen 90 und 150 Minuten) und auch die Inhalte. Nähere Infos erhält man telefonisch (Tel. 0720 644207) oder unter www.walknet.se.

Historische Stadtwanderungen in den Sommermonaten organisiert auch das Stadsmuseum Göteborg (5). Die Touren dauern etwa 90 Minuten und führen die Teilnehmer zurück ins Göteborg des 17. Jahrhunderts. Nähere Infos unter: http://goteborgsstadsmuseum.se/program/stadsvandring.

Stadtwanderungen auf ganz andere Art unter dem Motto **„Dark side of Gothenburg“** erfreuen sich großer Beliebtheit. Ob es sich nun um Wanderungen auf den Spuren der Stadtgeister handelt oder man in das Göteborg des Zweiten Weltkriegs zurückversetzt wird – das ist Stadtgeschichte zwischen Metaphysik und Spionage (Preis p. P. 100 Skr). Leider werden die Wanderungen bisher nur auf Schwedisch unternommen, aber bei entsprechender Nachfrage kann sich das ja auch ändern.

› www.freewebs.com/stadsvandring

Telefonieren

Schweden verfügt über eine **hochmoderne Telekommunikationsinfrastruktur**. Neben den obligatorischen Breitband-Internetverbindungen, selbst in Kleinstädten und auf dem Land, sind auch Telefonzellen an einigen zentralen Punkten aufgestellt. Zumeist handelt es sich hierbei jedoch um **Kartentelefone** – die notwendigen Telefonkarten sind in Kiosken, Lebensmittelgeschäften, Tankstellen und natürlich bei den schwedischen Telefongesellschaften erhältlich. Die Telefonzellen sind multilingual und der Benutzer kann die gewünschte Sprache per Knopfdruck auswählen.

Die Paddan-Boote gehören zum Göteborger Stadtbild wie die roten Doppeldeckerbusse zu London.

Ausgesprochen günstig sind auch **Prepaidkarten**, mit denen man praktisch rund um die Welt telefonieren kann. So kostet beispielsweise mit einer bei www.phonecards.se erstandenen Karte die Minute nach Deutschland nicht einmal einen Cent. Mit diesen Karten kann man sowohl vom Festnetz als auch vom Handy ins Ausland telefonieren. Dabei wählt man dann die auf der Karte angegebene kostenfreie Einwahlnummer und die persönliche Identifizierungsnummer, bevor man die gewünschte Rufnummer eintippt. Das Prozedere wird auf der Karte auch noch einmal erläutert.

Prinzipiell funktioniert das **Telefonieren wie in Deutschland:** Bei nationalen Gesprächen innerhalb Schwedens, egal ob zu Handys oder Festnetzanschlüssen, wählt man die jeweilige Vorwahl mit der „0". Das bedeutet z. B. bei einem Anruf ins Festnetz von **Göteborg** wählt man die „031" vor der eigentlichen Nummer, befindet man sich jedoch im Stadtgebiet und ruft von Festnetz- zu Festnetzanschluss an, entfällt die Vorwahl „031". Möchte man von Schweden aus in **Deutschland** anrufen, wählt man zuerst „0049" und dann die deutsche Vorwahl ohne „0". Bei Anrufen in die Schweiz (0041) und nach Österreich (0043) gelten andere Vorwahlen. Bei Telefonaten nach **Schweden** ist die Landesvorwahl „0046", d. h., ein Festnetzanschluss in Göteborg hätte folgende Durchwahl: 0046 31 XXXXX.

Als praktisch und inzwischen auch relativ preiswert erweisen sich natürlich **Mobiltelefone** in Schweden.

Das Netz der Sendemasten ist sehr eng „geknüpft" und Funklöcher sind trotz der Größe des Landes relativ selten. Im spärlich besiedelten Nordschweden ist die mobile Anbindung jedoch etwas „löchriger". Die Bestrebungen der EU-Kommission, die Roaming-Gebühren innerhalb der EU zu senken bzw. mittelfristig sogar komplett abzuschaffen, machen sich inzwischen für den Endkunden positiv bemerkbar. Seit dem letzten Eingriff der Brüsseler Wettbewerbshüter im April 2016 sind die Preisobergrenzen für Handytelefonate im EU-Ausland festgeschrieben: abgehende Gespräche kosten den nationalen Tarif plus 5,95 Cent, eingehende Anrufe nationaler Tarif plus 1,35 Cent und der SMS-Versand schlägt mit nationalem Preis plus 2,38 Cent zu Buche. Beim Datenverkehr werden pro MB der nationale Preis plus 5,95 Cent verlangt.

Bei längeren Aufenthalten in Schweden kann es sich durchaus lohnen, sein Handy mit einer **schwedischen Prepaid-SIM-Karte** auszustatten – vorausgesetzt das eigene Handy ist SIM-Lock-frei, d.h., es akzeptiert andere SIM-Karten. Telefonate innerhalb Schwedens werden somit um ein Vielfaches billiger und von daheim kann man dann auf seiner neuen schwedischen Nummer angerufen werden, ohne dabei auch nur einen Cent Roaminggebühr zu bezahlen. Sehr preisgünstig ist hierbei – insbesondere bei Anrufen nach Deutschland – der schwedische Anbieter „Comviq": Im Preisplan „Amigos" kostet eine Minute vom eigenen Handy mit der Comviq SIM-Karte ins deutsche Festnetz nur ca. 1,5 Cent. Die SIM-Karten können in den meisten Kiosken wie z. B. 7-Eleven erstanden werden.

Infos findet man unter:

- www.comviq.se
- www.telia.se (das schwedische Pendant zur Telekom)
- www.telenor.se

Trinkwasser

Das schwedische Leitungswasser hat landesweit eine **hervorragende Qualität** und in Schweden wird deshalb deutlich weniger in Flaschen abgefülltes Mineralwasser verkauft als in Deutschland.

Und es kommt noch viel besser: In allen **Cafés und Restaurants wird kostenlos Wasser** gereicht. Entweder steht es bereits in einer Karaffe auf dem Tisch oder kann an einem Zapfhahn selber frisch eingeschenkt werden. Wenn dem nicht so sein sollte, hilft ein kurzes Nachfragen beim Fachpersonal.

Uhrzeit

In Schweden gilt wie auch in Deutschland, Österreich und der Schweiz die **Mitteleuropäische Zeit** (MEZ). Ebenso wie im kontinentalen Mitteleuropa werden auch in Schweden die Uhren Ende März auf die Mitteleuropäische Sommerzeit (MESZ) umgestellt, um dann im Herbst wieder eine Stunde zurückgedreht zu werden.

Unterkunft

Grundsätzlich gibt es zwischen der Hotelsituation in Mitteleuropa und in Schweden keine größeren Unterschiede. Auch preislich bewegen sich die Unterkünfte in ähnlichen Dimensionen, wobei der Norden jedoch etwas größere Löcher im Portemonnaie hinterlässt.

Das Spektrum reicht dabei von einfachen Unterkünften wie Jugendherbergen (*Vandrarhem*) oder Hostels über einfache Hotels, oft noch Familienbetriebe, und die preislich relativ attraktiven Angebote der internationalen Hotelketten bis hin zu noblen Edelherbergen mit nach oben weitgehend offener Preisgestaltung.

Die unten folgende Auswahl hat einen geografischen und preislichen Schwerpunkt: Die meisten Unterkünfte liegen im Innenstadtbereich, sodass die touristischen Attraktionen einfach per pedes zu erreichen sind.

EXTRATIPP

Hotels im „Göteborgs Paketet"

Besondere, individuell zugeschnittene Pakerangebote kann man im Rahmen des „Göteborg-Pakets" buchen. Je nach persönlicher Präferenz kann man sich dabei ein Programm zusammenstellen, das Aktivitäten wie Oper, Theater, Konzerte, Casino, Spa-Welt oder den Vergnügungspark Liseberg ⓫ umfasst. Integraler Bestandteil des Göteborg-Paketes sind diverse Hotels, die man **zu deutlich vergünstigten Konditionen** beziehen kann, sowie die Göteborg City Card (s. S. 10), die viele Attraktionen beinhaltet. Mehr als 40 Göteborger Hotels, die meisten im Innenstadtbereich gelegen, nehmen an dem Programm teil und können vom Besucher gebucht werden. Die Preise pro Person pro Nacht inkl. Göteborg City Card liegen – je nach Hotel – zwischen 775 und 1500 Skr. Unter www.goteborg.com gibt es ausführliche Infos zum „Göteborgs Paketet" und entsprechende Buchungsmöglichkeiten, telefonisch unter Tel. 031 3684200.

Ein besonderes Schnäppchen sind die Last-Minute-Angebote: max. 36 Stunden vorher gebucht, kann man in Top-Hotels mit einem Rabatt von ca. 30 % nächtigen!

053gb Abb.: ld

Preislich liegt der Schwerpunkt auf dem unteren und mittleren Segment.

Einige Besonderheiten im schwedischen Hotelgewerbe sollte man jedoch beachten, um eine für sich optimale Übernachtungsmöglichkeit zu finden. Preisrelevante Faktoren sind bekanntlich Reisezeit und Wochentag, aber in Schweden wird das ansonsten wohlvertraute Schema teilweise auf den Kopf gestellt: So gibt es in den größeren Städten **im Hochsommer oft Rabattaktionen** – beispielsweise drei Nächte zum Preis von zweien –, um Gäste in die Herbergen zu locken, da sich zu der Zeit viele Schweden im Auslandsurlaub befinden und auch die Geschäftsreisenden in den Sommermonaten ausbleiben (Ausnahme hierbei sind die attraktiven Küstenorte und reinen Sommer-Touristenziele, in denen von Mai bis September die Preise massiv anziehen).

Das schwimmende Good Morning+ Göteborg City Hotel (s. S. 121) bietet Besuchern die etwas andere Art der Übernachtung

Oft sind auch die Tarife in den Nächten auf **Samstag und Sonntag deutlich reduziert,** sodass man im Vergleich zu den Preisen unter der Woche schnell mal 30 bis 40 Prozent sparen kann. Fragen nach besonderen Paket- oder Aktionsangeboten kosten nichts und bei Erfolg entlastet man die Reisekasse schnell um einige Hundert Kronen oder man nächtigt dann zum gleichen Preis in einer höheren Kategorie. In den Internetauftritten der Hotels werden diese Schnäppchen zumeist offen angepriesen.

Für Besucher, die mit eigenem Automobil anreisen, bieten die meisten Hotels eine kostenpflichtige **Parkmöglichkeit** in der Nähe der Herberge an. Diese muss dann auf Tages- bzw. Wochenbasis bezahlt werden. Ab drei, vier Nächten ist oft der Wochentarif günstiger als die Einzelabrechnung – auch hier kann man durch Nachfragen Geld sparen.

Die **Jugendherbergen** bieten das kostengünstigste Dach über dem Kopf. Durch Mitgliedschaft in der Svenska Turistföreningen (s. S. 122, Extratipp) kann man pro Nacht und Person um die 50 Skr sparen. Ein weiterer Preissenker ist die Mitnahme von eigener Bettwäsche, da private Schlafsäcke zumeist nicht erlaubt sind und die Mietgebühr für das Bettzeug ebenfalls um die 50 Skr p. P. pendelt. Die Wahl eines Mehrbettschlafplatzes entlastet die Reisekasse ebenfalls und wenn man all diese Tipps beherzigt, kann man in Göteborg für schlanke 180 bis 220 Skr pro Nacht sein Haupt betten.

Eine Alternative in Göteborg stellen die **Bed-and-Breakfast-Angebote** dar. Entweder mietet man hier semiprivat ein Zimmer für zwei oder drei Personen oder aber ein komplettes Apartment mit eigener Küche. Letzteres ist ein wahrlich attraktives Angebot, da man sich dort auch sein eigenes Essen zubereiten kann, ohne auf die Privatsphäre zu verzichten. Unter folgenden Adressen findet man die entsprechenden Angebote:

› www.bedandbreakfast.com
› www.bedandbreakfast.eu

Für Freunde der Übernachtung in Zelt, Wohnwagen oder Holzhütte – also die Ritter des Campingplatzes – bietet folgende Seite interessante Informationen. Die **Campingmöglichkeiten** in bzw. bei Göteborg liegen jedoch alle eher dezentral und man ist somit immer auf ein Verkehrsmittel angewiesen:

› www.camping.se

Folgende Onlineangebote erleichtern die Suche nach einer Unterkunft:

› **www.goteborg.com:** Seite des Fremdenverkehrsamtes in Göteborg, Suche nach Übernachtungskategorien wie Hotel, Jugendherberge, Camping usw., deutsches Menü möglich, telefonisch unter Tel. 031 3684200 erreichbar
› **www.visitsweden.com:** Unterkunftssuche über Stadtplan möglich, auch auf deutsch

EXTRAINFO

Buchungsportale

Neben Buchungsportalen für **Hotels** (z. B. www.booking.com, www.hrs.de oder www.trivago.de) bzw. für **Hostels** (z. B. www.hostelworld.de oder www.hostelbookers.de) gibt es auch Anbieter, bei denen man **Privatunterkünfte** buchen kann. Portale wie www.airbnb.de, www.wimdu.de oder www.9flats.com vermitteln Wohnungen, Zimmer oder auch nur einen Schlafplatz auf einer Couch. Diese oft recht günstigen Übernachtungsmöglichkeiten sind nicht unumstritten, weil manchmal normale Wohnungen gewerblich missbraucht werden. Wenn die Stadt regulierend eingreift, kann das zu kurzfristigen Schließungen führen. Eine Buchung unterliegt also einem gewissen Restrisiko.

Hotels

130 [M5] **Hotel Allén** €€, Parkgatan 10, Tel. 031 101450, www.hotelallen.se. **Absolut zentrale Lage:** Zwischen den Parkanlagen der Trägårdsföreningen, dem Gamla Ullevi Stadion und der Avenyn gelegen, ist man mitten im Geschehen, egal in welcher Richtung man das Hotel verlässt. Die funktionell eingerichteten Zimmer sind sauber und WLAN ist selbstverständlich kostenfrei.

131 [L5] **Avalon Hotel** €€€, Kungstorget 9, Tel. 031 7510200, www.avalonhotel.se. **Für Liebhaber guten Stils:** Das Avalon mit seiner stilsicheren Inneneinrichtung und dem geschmackvollen Interieur ist eine der Topadressen der Stadt. Im Herzen der Stadt gelegen bietet das Hotel – ähnlich wie das Restaurant des Hauses – nur Erstklassiges. Aber das hat, wie kaum anders zu erwarten, auch seinen Preis.

132 [L3] **Hotell Barken Viking** €€€, Gullbergskajen, Tel. 031 635800, http://barkenviking.com. **3-Sterne-**

Preiskategorien Unterkünfte

Die Übernachtungspreise variieren selbstverständlich. Wegen dieser Preisschwankungen sind die angegebenen Preiskategorien eher als Anhaltspunkte zu sehen (Einteilung geschieht nach Preis pro Doppelzimmer inkl. Frühstück).

€	bis 600 Skr (bis 62 €)
€€	600–1000 Skr (62–104 €)
€€€	1000–1500 Skr (104–155 €)
€€€€	über 1500 Skr (über 155 €)

Hotel auf dem Wasser: Seit etlichen Jahren liegt die Viermastbark „Viking" fest vertäut im Hafen von Göteborg und wird ihren Liegeplatz vermutlich auch nicht so bald verlassen: Die Masten des stolzen Segelschiffes sind nämlich höher als

054gb Abb.: ld

die Brücke über den Götafluss Richtung offenes Meer. Die Atmosphäre auf dem Hotelschiff ist einmalig und die Zimmer bzw. Kabinen, größer als man es erwartet. Während man sich früher in der preiswerten Zimmerkategorie noch die Nasszellen mit anderen Gästen teilen musste, sind nach einer grundlegenden Renovierung nun alle Zimmer mit eigenem Bad/WC ausgestattet.

133 [J5] **Center Hotel** €€, Stora Badhusgatan 28, Tel. 031 174050, www.choicehotels.nu. **Für Naschkatzen:** Fast direkt am Götaälv gelegen, bietet das Comfort Hotel helle Zimmer, die jedoch nicht zu den größten ihrer Kategorie zählen. Tolle Serviceidee: Den ganzen Tag über gibt es gratis Kaffee und Kekse und tägl. von 16 bis 21 Uhr lädt das Hotel zum Waffelbüfett mit Sahne und Konfitüre ein!

134 [M4] **Hotel Eggers** €€€, Drottningtorget, www.hoteleggers.se, Tel. 031 3334440. **Architektonische Perle in zentraler Lage:** Das schön erhaltene Jugendstilgebäude liegt direkt am Hauptbahnhof, an dem die Flughafenbusse enden bzw. abfahren und alle Fernreisezüge stoppen – also verkehrstechnisch ideal. In dem mondänen Hotel hielten sich während des Ersten Weltkriegs viele russische Dissidenten und Revolutionäre auf, im Zweiten Weltkrieg gaben sich hier Diplomaten und Spione die Klinke in die Hand. Und diese Atmosphäre meint man noch heute in den individuell eingerichteten Zimmern spüren zu können ...

Gediegene Atmosphäre im Novotel im Viertel Klippan 21

Das Hotel auf der Viermastbark „Viking" liegt am Ufer des mächtigen Götaälv

055gb Abb.: ld

135 [O6] **Hotel Gothia Towers** €€€, Mässans Gata 24, Tel. 031 7508800, www.gothiatowers.com. **Imposanter Komplex mit Aussicht:** genau am Messegelände und am Vergnügungspark Liseberg 1 gelegen, spricht sowohl Geschäftsreisende wie auch Touristen an. Die über 700 Zimmer verteilen sich auf den West- und den Ostturm mit 23 respektive 18 Stockwerken. Aus den höheren Etagen hat man eine fantastische Aussicht auf die Stadt – ebenso wie aus dem Restaurant Heaven 23 (s. S. 55), das sich in dem Gebäudeblock befindet.

136 [M2] **Good Morning+ Göteborg City Hotel** €€, Gullbergs Strandgata 15b, Tel. 031 802560, https://ligula.se/goodmorninghotels/goteborg-city. **Maritime Atmosphäre:** Das auf dem Wasser schwimmende Hotel, einer Fähre nachempfunden, liegt ausgesprochen zentral und die meisten Attraktionen befinden sich in Gehdistanz. Die Hälfte der kleinen, aber gemütlich gestalteten „Kabinen" haben Seeblick auf den Götaälv (beim Buchen nachfragen!). Am Heck des Hotels lädt im Sommer eine Terrasse mit Tischen und Stühlen zum abendlichen Absacker oder kleinen Snack ein. Am Kai, vor dem Hotel, gibt es einen großen hoteleigenen Parkplatz. Das Früh-

stücksbüfett ist ausgesprochen üppig und lecker.

137 [C8] **Novotel Göteborg** €€€, Klippan 1, Tel. 031 7202200, www.novotel.se. **Beeindruckende Aussichten:** In der vormaligen Carnegie Porter Brauerei direkt am Götaälv gelegen, kann man vom Hotel den Blick auf den Fluss, das offene Meer und die dynamische Konstruktion der Älvsborgsbrücke genießen. Das 2008 renovierte historische Gebäude bietet insbesondere an den Wochenenden preislich sehr attraktive Angebote, die man in dieser Hotelkategorie so nicht erwarten würde.

138 [L6] **Hotel Poseidon** €€, Storgatan 33, www.hotelposeidon.com, Tel. 031 100550. **Gemütlicher, kleiner Familienbetrieb:** In der Nähe der Universität und dem nächtlichen Epizentrum der Avenyn gelegen, ist das Poseidon mit seinen 49 Zimmern das ideale Sprungbrett der kurzen Wege ins Nachtleben. Die studentische Gastronomie befindet sich in zwei- bis dreiminütiger Gehdistanz.

139 [D6] **Quality Hotel 11** €€€, Maskingatan 11, Tel. 031 7791111, www.hotel11.se. **Direkt am Wasser:** Näher am Wasser wohnen geht nicht! Das Hotel 11 liegt in Eriksberg direkt am Kai und man hat einen tollen Ausblick auf die Stadt und die Hafenanlagen. Bei der Auswahl und der Gestaltung des Interieurs haben zweifelsfrei Menschen mit innenarchitektonischem Fingerspitzengefühl mitgearbeitet – sehr gelungen. Manko jedoch: Die Innenstadt erreicht man nur mit der Pendelfähre oder dem Bus.

140 [L5] **Vanilj Hotel** €€€, Kyrkogatan 38, Tel. 031 7116220, www.hotelvanilj.se. **Mit Café-Anschluss:** Wo man heute in 32 charmant eingerichteten Zimmern nächtigen kann, wurde vor Jahren noch Kautabak in Dosen gefüllt. Das historische Gebäude des Vanille Hotels liegt in der Nähe der Domkirche 8 und somit mitten in der lebendigen Innenstadt Göteborgs. Das Frühstücksbüfett wird im angeschlossenen Kafé Vanilj serviert (und Hotelgästen wird hier grundsätzlich 25 % Rabatt gewährt), in dem, wie im ganzen Haus, drahtloser Onlinezugriff möglich ist.

141 [L6] **Hotel Vasa** €€, Viktoriagatan 6, Tel. 031 173630, www.hotelvasa.se. **Gemütlich im skandinavischen Stil:** Das von der Besitzerfamilie geführte Haus liegt im Stadtzentrum zwischen Universität 16 und Hagakirche 17. Die Zimmer sind freundlich eingerichtet und das inkludierte Frühstücksbüfett kann man im Sommer auch im idyllischen Innenhof zu sich nehmen. Besondere Angebote sind die Zimmer/Suiten mit Whirlpool oder das DZ mit 105-cm-Bett für Frischverliebte. Freier WLAN-Zugang im ganzen Haus.

Jugendherbergen

142 [P8] **City Lägenhetshotell** €, Mölndalsvägen 17, Tel. 031 401911, www.citylagenhetshotell.com, DZ ab 600 Skr, ideal sind die Miniwohnungen mit eigenem WC/Dusche und Küchennische für vier und mehr Personen ab 1075 Skr.

EXTRATIPP

Mitgliedskarte der „Svenska Turistföreningen"

Als Mitglied in der schwedischen Touristenvereinigung erhält man in den meisten Jugendherbergen einen Rabatt auf die Übernachtungspreise. Die Karte kann man unter www.svenskaturistforeningen.se bestellen oder einfach vor Ort jeweils in den Unterkünften erstehen. Der Preis beträgt 295 Skr und für junge Menschen unter 26 Jahren nur 150 Skr. Deshalb sollte man kurz gegenrechnen, ob sich der Kauf auch wirklich lohnt.

Wohnungsangebot für Gruppen: Trotz des anders lautenden Namens ist das City Lägehetshotell eher eine Jugendherberge denn ein Hotel. Besonders zu empfehlen ist die Herberge für Familien oder kleine Gruppen, da die kleinen bis mittleren Wohnungen für mehrere Personen ein echtes Schnäppchen darstellen. Auf Wunsch hat man private sanitäre Anlagen oder man teilt sie sich mit anderen Gästen und spart damit Geld. Eigenes Bettzeug und Handtuch nicht vergessen, ansonsten pro Person 65 Skr Aufpreis!

143 [I6] **Göteborgs Mini-Hotel** €, Tredje Långgatan 31, Tel. 031 241023, www.minihotel.se, DZ ab 500 Skr, Schlafplatz im Mehrbettzimmer ab 175 Skr p. P., Frühstück 65 Skr p. P. **Zentrale Lage:** Wenige Hundert Meter westlich des historischen Viertels Haga 18 gelegen, befindet sich das einfache und preiswerte Mini-Hotel. Obwohl es den Namen Hotel trägt, ist es doch eher als Jugendherberge zu klassifizieren: Gemeinschaftsraum, Küche zur privaten Nutzung oder Waschmaschine sind integrale Bestandteile dieser Herberge. Preislich eines der attraktivsten Angebote im Stadtzentrum.

144 [P8] **Göteborgs Vandrarhem** €, Mölndalsvägen 23, Tel. 031 401050, www.goteborgsvandrarhem.se, DZ ab 540 Skr, im Schlafsaal ab 195 Skr p. P. **Klassische Jugendherberge:** Kiefernholz bestimmt die Inneneinrichtung der Göteborger Jugendherberge, die südlich des Zentrums in der Nähe des Vergnügungsparks Liseberg 11 lokalisiert ist. Alle typischen Jugendherbergseinrichtungen wie Küche, TV- und Aufenthaltsraum oder Bügeleisen und -brett sind vorhanden. Im ganzen Haus ist kostenfreier, schnurloser Internetanschluss gewährleistet. Das breit gefächerte Frühstücksbüfett kostet 65 Skr und es kann im Sommer auf der sonnigen Terrasse verköstigt werden. Buchungen ausschließlich via E-Mail oder über den Onlineauftritt der Herberge.

145 [H5] **Hostel Stigbergsliden** €, Stigbergsliden 10, Tel. 031 241620, www.hostel-gothenburg.com, ohne Mitgliedskarte des schwedischen Touristenverbandes: DZ ab 480 Skr, Mehrbettzimmer p. P. ab 185 Skr, Frühstücksbüfett 65 Skr. **Seemannsfeeling:** In einem ehemaligen Seemannsheim logiert heute die Jugendherberge Stigbergsliden. Frühaufsteher können morgens die Fischauktion am Götaälv besuchen, von der Masthugget-Kirche 20 den Blick über die Stadt genießen oder im Seefahrtsmuseum der maritimen Historie auf den Grund gehen: Alles liegt nur wenige Minuten entfernt. Ansonsten klassisches JH-Angebot mit freundlichem Personal.

146 [H6] **Masthuggsterassens Vandrarhem** €, Masthuggsterassen 10h, www.mastenvandrarhem.se, Tel. 031 424820, DZ ab 500 Skr, Mehrbettzimmer ab 210 Skr p. P., Frühstück 65 Skr. **Gemütlichkeit am Fährterminal:** Gratis-WLAN, eine Minibibliothek und gemütliche Gemeinschaftsräume bilden den Kern der Jugendherberge, die sich besonders für Gäste anbietet, die mit den Dänemarkfähren an- oder abreisen, da der Fährterminal nur zwei bis drei Steinwürfe vom Hostel entfernt liegt. Liebevoll eingerichtete Zimmer runden das Bild ab.

147 [I8] **Slottsskogens Vandrarhem** €, Vegagatan 21, www.slottsskogenvh.se, Tel. 031 426520, für Nicht-Mitglieder des schwedischen Jugendherbergsverbandes: DZ ab 500 Skr, Schlafsaal ab 195 Skr p. P., Frühstück 65 Skr. **Gesundes, nachhaltiges Frühstück:** Wer ausgiebig und nachhaltig in den Tag starten will, ist hier genau richtig: köstliches Frühstücksbüfett mit Produkten, die fast ausschließlich mit dem schwedischen Ökosiegel ausgezeichnet sind. In der

Nähe der nachtaktiven Linnégatan und einen Steinwurf vom Naturhistorischen Museum entfernt, stellt die Jugendherberge ein gutes Sprungbrett für alle Aktivitäten dar. Internetzugang vorhanden.

Bed and Breakfast

148 **Blå Huset Bed & Breakfast** €€, Torgny Segerstedtsgatan 36, Tel. 031 690112, www.blahuset.com, DZ ab 680 Skr. **Familiäres B&B:** Hier ist der Name Programm: Das „Blaue Haus", das etwas außerhalb des Stadtzentrums liegt, ist kaum zu übersehen. Wer Ausflüge sowohl in die Innenstadt als auch in den Schärengarten angedacht hat, der wohnt hier richtig. Das Gebäude ist genau an der Straßenbahnlinie 11 platziert (Haltestelle: Nya Varvet), die die Göteborger Innenstadt mit Saltholmen, dem Sprungbrett in den südlichen Schärengarten, verbindet. Einfache Zimmer mit Frühstück und gratis WLAN.

149 **Nääs Slott** €€, Nääs Slottsallé, Tel. 0302 31839, www.naas.se, DZ ab 790 Skr. **Wohnen im Schloss:** Eine Unterkunft der ganz besonderen Art findet man im und beim Schloss Nääs. Sowohl im Schloss als auch in den umliegenden Gebäuden kann man hier wunderschöne Zimmer mieten, die noch mit einer Inneneinrichtung aus der Zeit um 1900 aufwarten können. Absolut ruhig und idyllisch im Grünen gelegen, ohne eigenes Transportmittel jedoch nur bedingt zu empfehlen, da es ca. 30 km östlich von Göteborg liegt.

Die himmelblauen Straßenbahnen sind aus dem Stadtbild nicht wegzudenken

Verhaltenstipps

Die Göteborger, wie eigentlich fast alle Schweden, sind **sehr harmoniebedürftig.** Über Inhalte wird viel und gern diskutiert, politische Meinungsverschiedenheiten werden sachlich ausgefochten und in den Medien thematisiert, Pros und Kontras unvoreingenommen aufgelistet und gegeneinander abgewogen. Doch der Diskussionsstil ist dabei (fast) immer fair und menschlich korrekt. Ein offener Streit mit lauter Stimme oder sogar persönlichen Beleidigungen ist in der schwedischen Öffentlichkeit undenkbar, da der laute oder ausfallende Diskutant bei den Zuhörern – alle Inhalte hintenanstellend – jegliche Unterstützung sofort verlieren würde. Konflikte werden nicht unterhalb der sachlichen Ebene ausgetragen – das ist schlichtweg nicht salonfähig.

Auch im Alltag spürt man diese **individuelle Verantwortung für das Gemeinwesen** und der Umgangston zwischen den Menschen ist sachlich bis freundlich. An der Bushaltestelle reiht man sich selbstverständlich am Ende der Warteschlange ein. In vielen Institutionen wie Post, Bank, Apotheke oder auch im *Systembolaget* (s. S. 67), der staatlich lizenzierten Alkoholverkaufsstelle, gibt es kleine Automaten, an denen jeder Kunde eine Nummer zieht und erst beim Aufrufen dieser Nummer zum Schalter vorrückt. (Auch für Touristen sehr wichtig: Nicht vergessen, einen Nummernzettel zu ziehen!) Beim Betreten eines Restaurants – Ausnahme sind Imbissbuden oder Fast-Food-Restaurants – wartet der Gast geduldig im Eingangsbereich auf den *hovmästare,* den Oberkellner. Erst dieser geleitet einen dann zu einem freien Tisch. Wer forsch vorpreschend den erstbesten Tisch besetzt, gilt als überaus unhöflich und selbst Touristen sollten hier nicht auf den „Ausländerbonus" hoffen.

Im Allgemeinen kleiden sich die Schweden sehr leger, legen aber auch dabei mehr Augenmerk auf die **Bekleidung**, als es auf den ersten Blick scheinen mag. Was oft als Lässigkeit interpretiert wird, ist zumeist durchaus bewusst arrangiert und die wuschelige Frisur, die aussieht wie vor fünf Minuten aus dem Bett gefallen, ist Ergebnis akribischer Filigranarbeit vor dem heimischen Spiegel. Besonders an den Wochenenden, wenn es in die Epizentren des Göteborger Nachtlebens geht, kleiden sich die Stadtbewohner ausgesprochen schick. Um nicht aufzufallen bzw. um Einlass in die begehrten Etablissements zu erhalten, sollte man die ausgetretenen Turnschuhe und das „Abi 1988"-T-Shirt doch besser im Hotelzimmer lassen.

Verkehrsmittel

Fahrkarten für Bus, Bahn und Fähre

Was die Digitalisierung des Lebens angeht, sind die Schweden sehr innovativ und setzen diese Innovationen auch gerne im Alltag um. Im Sommer 2009 wurde der gesamte Fuhrpark von Västtrafik, so nennt sich der lokale Betreiber des öffentlichen Nahverkehrs im Großraum Göteborg, auf die neue Fahrkartennutzung umgestellt. So benutzen seit Februar 2010 alle Göteborger bei Fahrten mit Bus, Bahn und Fähre die dunkelblaue **Västtrafikkarte**. Sie **funktioniert ähnlich wie eine Kreditkarte**, nur dass man vorher Geld auf die Karte laden muss, um sie nutzen zu können. Bei den entsprechenden Verkaufsstellen erhält man die Karte kostenfrei, nur ein Pfand von 50 Skr muss hinterlegt

056gb Abb.: id

werden, den man jedoch bei Abgabe der Karte zurückerhält. Da jedoch ein mögliches Kartenguthaben **nicht erstattet wird,** sollte man vorher grob kalkulieren, wie viele Fahrten man zu unternehmen gedenkt. Als Guthaben können zwischen 100 und 1500 Skr auf den Magnetstreifen geladen werden. Reicht das Guthaben für eine Fahrt nicht mehr aus, wird automatisch die fehlende Differenz vom Pfand abgebucht. Man kann eine Fahrt aber nur beginnen, wenn sich das Guthaben noch oberhalb der 50-Skr-Pfandgrenze befindet.

In allen öffentlichen Verkehrsmitteln befinden sich blaue oder gelbe Kartenleser. Nach dem Einsteigen zieht man seine Karte einfach dicht vor dem Gerät vorbei, es leuchtet ein grünes Licht auf und ein Signalton verkündet piepsend die erfolgreiche Zahlung. Für alle Fahrten innerhalb der Stadt Göteborg werden dabei 22 Skr vom Guthaben abgezogen. Will man Ziele außerhalb dieser Zone besuchen, handelt man wie folgt: einfach die „+"-Taste drücken und anschließend die Karte am Lesegerät vorbeiziehen. Vor dem Aussteigen touchiert man den Leser erneut mit der Karte und die Maschine berechnet automatisch den Fahrpreis, der dann vom Guthaben abgezogen wird. Alternativ kann man in den Straßenbahnen an den **Fahrkartenautomaten** seinen Fahrschein lösen (jedoch soll zeitnah die Möglichkeit der Münzzahlung eingestellt werden; dann werden ausschließlich Kreditkarten akzeptiert). Die am Automaten gelösten Fahrkarten sind mit 28 Skr aber deutlich teurer.

Eine interessante Alternative für Intensiv- bzw. Vielfahrer sind die **Zeitkarten für einen oder für drei Tage.** Für 85 (ein Tag) oder 170 Skr (drei Tage) wird einem ein Freifahrtschein auf die Magnetkarte geladen und man muss sich um nichts mehr kümmern. Busfahrten sind inzwischen grundsätzlich nicht mehr mit Bargeld zu bezahlen. Dafür muss man eine Fahrkarte vor Fahrtantritt erstehen oder beim Fahrer mit Kreditkarte zahlen.

Fahrkarten kann man in fast allen 7-Eleven-Läden und in den Kiosken der Pressbyrån-Kette erstehen. Die aufladbaren Karten sowie weitere Infos zu Bussen und Bahnen erhält man hier:

- **150** [M3] **Västtrafiks kundservice (1),** Nils Ericson Terminalen (im Hauptbahnhof), Tel. 0771 414300, Mo.–Fr. 6–22, Sa. 9–22 und So. 9–19 Uhr. Nicht vergessen, eine Bediennummer zu ziehen … ohne Nummer keine Fahrkarte!
- **151** [M4] **Västtrafiks kundservice (2),** Drottningtorget, Mo.–Fr. 6–20, Sa./So. 8–20 Uhr. Nur die gezogene Wartenummer sichert auch Bedienung.
- **152** [L4] **Västtrafiks kundservice (3),** Brunnsparken, Mo.–Fr. 7–19, Sa. 9–18 Uhr, Bediennummer nicht vergessen.
- › www.vasttrafik.se

Straßenbahn und Bus

Der öffentliche Personennahverkehr in Göteborg ist erstklassig. Dem Besucher springen sofort die himmelblauen Straßenbahnen ins Auge, deren Schienen sich wie ein engmaschiges Spinnennetz über die gesamte City legen. Es ist das **größte Straßenbahnsystem Nordeuropas,** welches

Vom Fährterminal aus gibt es Verbindungen nach Deutschland und Dänemark

057gb Abb.: ld

seine Wurzeln im Jahr 1879 hat. Damals zogen noch Pferde die Personenwagen, heute bilden über 260 Straßenbahnen aus verschiedenen Epochen auf zwölf Linien das Rückgrat des Göteborger Nahverkehrs. Die meisten Routen werden im 10-Minuten-Takt bedient und somit wartet man nie lange auf die nächste Bahn. Bei Zielen weiter außerhalb des Stadtzentrums bieten sich zumeist Buslinien an.

Fähren und Schiffsverkehr

Wie bereits im Abschnitt über den Göteborger Schärengarten (25) erläutert, fahren sechs Fährschiffe im Auftrag von Västtrafik durch das schöne Inselgewirr des südlichen Schärengartens. **Im Innenstadtbereich** gibt es auch einen regelmäßigen Schiffsverkehr auf dem Götaälv: Unter dem inzwischen sehr populären Namen **„Älvsnabben“** (auf Deutsch nur schwer zu übersetzen, etwas holprig „Flussquickie“) verkehren die Fähren auf den Linien 285 und 286. Die **285** bedient die Route Lilla Bommen–Stenpiren–Lindholmspiren–Slottsberget–Eriksberg–Klippan und zurück (in der Hauptverkehrszeit alle 20–30, ansonsten alle 60 Minuten). Eine Fahrt mit der 285 ist für Besucher wie Einheimische die günstigste Art der Hafenrundfahrt: Mit Magnetkarte kostet sie nur 22 Skr.

Die **286** pendelt zwischen Stenpiren und Lindholmspiren quer über den Fluss. Die Nutzung dieser Verbindung ist kostenfrei, da sie von der Kommune finanziert wird (nur Mo.–Fr 7–19 Uhr, alle 6–8 Minuten).

> **Styrsöbolaget**, www.styrsobolaget.se, Tel. 031 297599, 0771 414300 (Västtrafik). Die Firma betreibt sowohl den Schärenfährverkehr als auch die Älvsnabben-Linie auf dem Götaälv.

Taxi

Die bequemste Art der innerstädtischen Fortbewegung ist sicherlich – so man denn über kein eigenes Gefährt verfügt – das Taxi. Nicht vergessen: Bei Fahrten zwischen Flughafen und Innenstadt (in beide Richtungen) gibt es oft Festpreise, diesbezüglich sollte man sich vorher beim Fahrer informieren!

- **Göteborg Taxi,** www.taxigoteborg.se, Tel. 031 650000, Taxiservice rund um die Uhr, Startpreis 47 Skr, pro Kilometer 13–15 Skr (je nach Uhrzeit), Festpreise zum Flughafen Landvetter (415 Skr)
- **Taxi Kurir Göteborg,** Tel. 031 272727, www.taxikurir.se. 24-Stunden-Taxiservice, Startpreis 45 Skr, pro Kilometer 11–13,50 Skr (je nach Uhrzeit), Preis für eine Fahrt zum Flughafen Landvetter aus der Innenstadt nach Absprache und abhängig von der Tageszeit.
- **Minitaxi Göteborg,** Hildebrandsgatan 5, www.minitaxi.se, Tel. 031 140140, 031 148385. Der Preisbrecher in Göteborg: Startgebühr 20 Skr, pro Kilometer 9 bis 10 Skr, Fahrt aus der Innenstadt zum Flughafen Landvetter 310 Skr.

Wetter und Reisezeit

Fällt der Begriff „Schweden“ als mögliches Reiseziel, so ist oftmals die Reaktion der „Unwissenden“ programmiert. Sofort wird die arktische Kälte angeführt, die einen ja seit Jahren von einem Besuch abhält. Dabei ist es insbesondere an der schwedischen Westküste **oftmals gar nicht so kalt**, wenn auch schneereicher als in mitteleuropäischen Flachlandgefilden.

Die **klassische Reisezeit** ist sicher der **Sommer.** In der Zeit von Mai bis September besuchen die meisten Touristen das Land im hohen Norden. Die Temperaturen sind angenehm und das Meer vor bzw. die Seen rund um Göteborg laden zum Baden und Schwimmen ein. Die Tage sind lang und das Nordlicht gibt dem Besucher die Energie für sportliche Betätigung und auch der Schärengarten (25) zeigt sich von seiner attraktivsten Seite. Und an einem schönen Sommertag ist es abends ein Traum, auf einer Restaurantterrasse an der Avenyn (14) zu schlemmen und zu trinken.

Auch die kalte und dunkle Jahreszeit hat ihren Reiz. In der **Vorweihnachtszeit** ist es auch überhaupt nicht dunkel, da die Innenstadt festlich illuminiert ist. Gerade der Stadturlaub ermöglicht auch im Winter vielerlei Aktivitäten wie Shopping, Museums-, Ausstellungs- und Konzertbesuche. Jedoch sollte man dann natürlich warme Winterkleidung im Gepäck haben, da die Küstenwinde ganz schön beißend sein können.

Im Monat Dezember sind die Tage mit 6,5 Stunden **zwischen Sonnenauf- und Sonnenuntergang** (ca. 9 bis 15.30 Uhr) erwartungsgemäß kurz, im Juni hingegen mit 18 Stunden Tageslicht (ca. 4 bis 22 Uhr) ausgesprochen lang.

Durchschnitt	Wetter in Göteborg											
Maximale Temperatur	1°	1°	4°	9°	15°	19°	20°	20°	15°	11°	6°	3°
Minimale Temperatur	–3°	–4°	–2°	2°	7°	11°	13°	12°	9°	6°	2°	–2°
Regentage	15	11	12	11	11	11	11	12	14	15	16	15
	Jan	Febr	März	Apr	Mai	Juni	Juli	Aug	Sept	Okt	Nov	Dez

ANHANG

006gp Abb.: ld

Kleine Sprachhilfe

Die offensichtlichsten **Besonderheiten des schwedischen Alphabets** sind die drei zusätzlichen Buchstaben *Å/å, Ä/ä* und *Ö/ö*. Sie haben ihren Platz am Ende des Alphabets, was beim Nachschlagen von Wörtern wichtig sein könnte.

Dem Whiskey sei Dank: Aufgrund solch internationaler Wörter wie eben *Whiskey* oder auch *Wok* oder *Web* hat sich die Schwedische Akademie nach gut 140 Jahren und zwölf Ausgaben ihres Wörterbuchs dazu durchgerungen, im Jahr 2006 nun auch offiziell den Buchstaben „W" ins schwedische Alphabet zu übernehmen.

Hinsichtlich der Schreibweise sollte man wissen, dass im Schwedischen die **Wörter klein geschrieben** werden – Ausnahmen sind Eigennamen. Auch findet man beispielsweise den Namen Gusta*v(f) V(W)*asa in allen möglichen Buchstabenkombinationen mit den Buchstaben *f, v* oder *w*. Gleiches findet man in ähnlichen Fällen ebenfalls bei den Buchstaben *C* und *K*.

Bezüglich der Aussprache gibt es an dieser Stelle nur einige recht allgemeine Hinweise: Die Schwedische Sprache hat eine gewisse **Nähe zum Deutschen.** Ein sehr hoher Anteil der schwedischen Wörter sind deutsche Lehnwörter und wer Plattdeutsch sprechen kann, hat es vielerorts etwas leichter. Manchmal hilft es einfach, bei einer fehlenden Vokabel eine schwedische Endung an das entsprechende deutsche oder auch englische Wort zu setzen – häufig klappt es tatsächlich. Dies ist sicherlich auch darauf zurückzuführen, dass sehr viele Schweden der deutschen und englischen Sprache mächtig sind. Um Begriffe, Vokabeln und auch Zusammenhänge beim Lesen zu verstehen, sollte man Textpassagen einfach laut und bewusst lesen und schon eröffnet sich einem zumindest teilweise der Inhalt.

Auch spricht man in Göteborg eigentlich **keinen besonders ausgeprägten Dialekt**, die Aussprache und das Verstehen gestaltet sich folglich bei Weitem nicht so kompliziert, wie beispielsweise im südlichen Landesteil Skåne (vergleichbar in etwa mit Bayerisch, Sächsisch und dem Hochdeutschen).

Symptomatisch ist vielleicht, dass es im Schwedischen ebenfalls das Wort *besserwisser* gibt und eben auch genau dies bedeutet. Und genauso interessant ist, dass der ursprüngliche Familienname *Quisling* (Vidkun Quisling war Chef einer „nationalen Regierung" Norwegens während der NS-Besatzung) nun in der schwedischen Sprache die Bedeutung für *(Landes-) Verräter* erhalten hat.

Häufig gebrauchte Wörter und Redewendungen

Zahlen

0	*noll*
1	*en/ett*
2	*två*
3	*tre*
4	*fyra*
5	*fem*
6	*sex*
7	*sju*
8	*åtta*
9	*nio*
10	*tio*
11	*elva*
12	*tolv*
13	*tretton*

14	*fjorton*
15	*femton*
16	*sexton*
17	*sjutton*
18	*arton*
19	*nitton*
20	*tjugo*
21	*tjugoett*
30	*tretio*
40	*fyrtio*
50	*femtio*
60	*sextio*
70	*sjuttio*
80	*åttio*
90	*nittio*
100	*hundra*
1000	*tusen*

Basiswissen und Redewendungen

Ich	*jag*
Du	*du*
Er	*han*
Sie	*hon*
Wir	*vi*
Ihr	*ni*
Sie	*de*
Ich heiße ...	*jag heter ...*
Guten Tag/Hallo	*hej*
Tschüss	*hej då*
Guten Morgen	*god morgon*
Guten Abend	*god kväll*
Danke	*tack*
Bitte	*varsågod*
Entschuldigung	*ursäkta, förlåt*
ja	*ja*
nein	*nej*
nicht	*ej, inte*
groß	*stor*
klein	*liten*
Mann	*man*
Frau	*kvinna*
Kind	*barn*
Das ist gut/O.K.	*det är bra.*
sehr gut	*jättebra*
natürlich	*naturligtvis, självklart*
Ich komme gleich.	*jag kommer strax.*
Ich habe es eilig.	*jag har bråttom.*
Ich verstehe (nicht).	*jag förstår (inte).*
Ich möchte gerne/hätte gerne ...	*jag skulle vilja ha ...*
Das macht Spaß.	*det är kul.*
Wie heißt Du?	*vad heter du?*
Wie geht es dir?	*hur mår du?*
Was bedeutet ...?	*vad betyder ...?*
Was ist das?	*vad är det?*
Kannst du mir zeigen ...?	*kan du visar mig ...?*
Ist das wahr?	*är det sant?*
Erinnerst du dich ...?	*kommer du ihåg ...?*
Wo?	*var?*
Wann?	*när?*
Warum?	*varför?*
Was?	*vad?*
Wie (viel) ...?	*hur (mycket) ...?*
Kannst du ...?	*skulle du kunna ...?*
Wie heißt das auf Schwedisch?	*vad heter det på svenska?*
Sprichst du ...?	*talar du ...?*
Wo liegt ...?	*var ligger/finns ...?*
Wie lange dauert es?	*hur lång tid tar det?*
Zimmer	*rum*
Haus	*hus*
Ferienhaus/Hütte	*stuga*
Jugendherberge	*vandrarhem*
Hotel	*hotell*
Einzelzimmer	*enkelrum*
Doppelzimmer	*dubbelrum*
Toilette	*toalett*
Zeltplatz	*tältplats*
Kirche	*kyrka*
Museum	*museum*
Schloss	*slott*
Auto	*bil*
Bahnhof	*station*
Bus	*buss*
Taxi	*taxi*

Tankstelle	*bensinstation, mack*
Benzin	*bensin*
Diesel	*diesel*
Eisenbahn	*järnväg*
Zug	*tåg*
Fahrkarte	*biljett*
Flughafen	*flygplats*
Flugzeug	*flygplan*
Hafen	*hamn*
Schiff	*båt, skepp*
Fähre	*färja*
Fahrrad	*cykel*
Eingang	*ingång*
Ausgang	*utgång*
offen	*öppet*
geschlossen	*stängt*
Geld	*pengar*
Bank	*bank*
Münze	*mynt*
Geldschein	*sedel*
Post	*post*
Brief	*brev*
Briefmarke	*frimärke*
Paket	*paket*
Postkarte	*vykort*
Telefon	*telefon*
Telefongespräch	*telefonsamtal*
Polizei	*polis*
Apotheke	*apotek*
Arzt	*läkare*
Zahnarzt	*tandläkare*
Krankenhaus	*sjukhus/ vårdcentral*
Touristenbüro	*turistbyrå*
Schwimmbad	*bad*
Sauna	*bastu*
Kino	*bio*
Eintrittskarte	*biljett*
Fahrstuhl	*hiss*
Deutschland	*Tyskland*
deutsch	*tysk*

Zeitangaben

am Morgen	*på morgonen*
am Nachmittag	*på eftermiddagen*
am Abend	*på kvällen*
gestern	*igår*
heute	*idag*
morgen	*imorgon*
jetzt	*nu*
früher	*tidigare*
später	*senare*
Stunde	*timme*
Tag	*dag*
Nacht	*natt*
Woche	*vecka*
Monat	*månad*
Jahr	*år*
Montag	*måndag*
Dienstag	*tisdag*
Mittwoch	*onsdag*
Donnerstag	*torsdag*
Freitag	*fredag*
Samstag	*lördag*
Sonntag	*söndag*
10. Uhr	*klockan tio*
9.45 Uhr	*kvart i tio*
10.15 Uhr	*kvart över tio*
10.30 Uhr	*halv elva*
in 10 Min.	*om tio minuter*
vor 10 Min.	*för tio minuter sedan*

Unterwegs

geradeaus	*rakt fram*
links	*vänster*
rechts	*höger*
zurück	*tillbaka*
hier	*här*
dort	*där*
Stadt	*stad*
Altstadt	*gamla stan*
Zentrum	*centrum*
Straßenbahn	*spårvagn*
Straße	*gata, väg*
Brücke	*bro*

Fluss	*älv, å, flod*
See	*sjö*
Insel	*ö*
Meer	*hav*
Strand	*strand*
Schärengarten	*skärgård*
Berg	*berg*
Gebirge	*fjäll*

Einkaufen

Was kostet …?	*hur mycket kostar …?*
bezahlen	*betala*
Markthalle	*saluhall*
Markt	*torg, marknad*
(ein)kaufen	*köpa, handla*
Schlussverkauf	*rea*
Flohmarkt	*loppis, loppmarknad*

Essen und Trinken

Brot	*bröd*
Ei	*ägg*
Käse	*ost*
Milch	*mjölk*
Butter	*smör*
Fleisch	*kött*
Fleischbällchen	*köttbullar*
Wurst	*korv*
Fisch	*fisk*
Lachs	*lax*
Hering	*sill*
Gemüse	*grönsaker*
Tomaten	*tomater*
Kartoffeln	*potatis*
Reis	*ris*
Apfel	*äpple*
Banane	*banan*
Erdbeeren	*jordgubbar*
Eis	*glass*
Kuchen	*kaka*
Sahne	*grädde*
Wasser	*vatten*
Wein	*vin*
Bier	*öl*
großes (starkes) Bier	*stor stark*
Kaffee	*kaffe*
Tee	*te*
Eine zweite (meist günstig oder umsonst) Tasse	*påtår*
Glühwein	*glögg*
Oral-Tabak	*snus*
Restaurant	*restaurang*
Gasthaus	*värdshus*
Kneipe	*krog, pub*
Oberkellner	*hovmästare*
staatlicher Alkoholladen	*systembolaget/ systemet*
Rechnung	*nota*
Ich möchte gerne zahlen	*jag skulle vilja betala*
Frühstück	*frukost*
Mittagessen	*lunch*
Abendessen	*middag*
Tagesgericht	*dagens rätt/ dagens lunch*
Kaffeezeit	*fika*
skandinavisches Büfett	*smörgåsbord*

LITERATURTIPP

Kauderwelsch Schwedisch

Wer sich noch intensiver mit der schwedischen Sprache beschäftigen möchte, dem sei der Kauderwelsch-Band Nr. 28 „Schwedisch – Wort für Wort" von Karl-Axel Daude aus dem Reise Know-How Verlag empfohlen.

Kauderwelsch-Sprachführer bieten einen schnellen Einstieg in fremde Sprachen. Alle fremdsprachigen Sätze im Buch werden zusätzlich zur sinngemäßen Übersetzung ins Deutsche auch einmal Wort für Wort übersetzt. Dadurch wird das Verständnis für die fremde Sprache erleichtert und einzelne Wörter lassen sich schnell austauschen.

Der Autor

Lars Dörenmeier erkundete bereits in seiner Jugend mehrfach Skandinavien. Ein längerer Studienaufenthalt in der schwedischen Stadt Uppsala festigte dann das Interesse und die Passion für den Norden im Allgemeinen und Schweden im Besonderen. Nach Uniabschluss und mehreren Auslandsstationen machte er schließlich sein Hobby zum Beruf. Als freier Journalist, Fotograf und Reiseleiter bereist er die Welt, wobei neben Skandinavien auch der asiatische Raum einen Schwerpunkt darstellt. Für den Reise Know-How Verlag verfasste er neben diesem Reiseführer auch die CityTrip-Bände Kopenhagen, Helsinki, Stockholm (letzteren – auch als CityTripPlus-Version – zusammen mit Stefan Krull) und Saigon/Ho-Chi-Minh-Stadt. Der gebürtige Westfale lebt heute in Berlin.

Schreiben Sie uns

Dieses Buch ist gespickt mit Adressen, Preisen, Tipps und Daten. Unsere Autoren recherchieren unentwegt und erstellen alle zwei Jahre eine komplette Aktualisierung, aber auf die Mithilfe von Reisenden können sie nicht verzichten. Darum: Teilen Sie uns bitte mit, was sich geändert hat oder was Sie neu entdeckt haben. Gut verwertbare Informationen belohnt der Verlag mit einem Sprachführer Ihrer Wahl aus der Reihe „Kauderwelsch".

Kommentare übermitteln Sie am einfachsten, indem Sie die Web-App zum Buch aufrufen (siehe Umschlag hinten) und die Kommentarfunktion bei den einzelnen auf der Karte angezeigten Örtlichkeiten oder den Link zu generellen Kommentaren nutzen. Wenn sich Ihre Informationen auf eine konkrete Stelle im Buch beziehen, würde die Seitenangabe uns die Arbeit sehr erleichtern. Unsere Kontaktdaten entnehmen Sie bitte dem Impressum.

Impressum

Lars Dörenmeier

CityTrip Göteborg

4., neu bearbeitete und komplett aktualisierte Auflage 2017

ISBN 978-3-8317-2862-6
Printed in Germany

Druck und Bindung:
Media-Print, Paderborn

Herausgeber: Klaus Werner
Layout: amundo media GmbH (Umschlag, Inhalt), Peter Rump (Umschlag)
Lektorat: amundo media GmbH
Karten: Ingenieurbüro B. Spachmüller, amundo media GmbH
Anzeigenvertrieb: KV Kommunalverlag GmbH & Co. KG, Alte Landstraße 23, 85521 Ottobrunn, Tel. 089 928096-0, info@kommunal-verlag.de
Kontakt: Osnabrücker Str. 79, 33649 Bielefeld, info@reise-know-how.de

Bildnachweis

Umschlagvorderseite, Umschlagklappe rechts und alle weiteren Bilder: Lars Dörenmeier (ld)

Register

A

Aeroseum 46
Alkohol 66
Älvsborg 29
Ambulanz 108
Angeln 113
An- und Abreise 92
Apotheke 106
Apps 143
Arzt 105
Asperö 35
Auto 93
Autofahren 94
Avenyn 23

B

Baden 112
Bältesspännarparken 24
Barrierefreies Reisen 97
Bars 65
Bed and Breakfast 124
Behinderte 97
Bekleidung 125
Bier 54
Bockkran 32
Bohuslän 77
Bootsausflüge 76
Botanischer Garten 29
Botaniska Trädgård 29
Botschaften 98
Brännö 36
Briefmarken 109
Brunch 57
Bus 93, 126

C

Cafés 62
Carlstens Fästning 43
Christinae Kyrkan,
Tyska Kyrkan (Deutsche Kirche) 17
Citybummler 8
City Card 10

D

Dans & Teater Festival 78
Debit-Karte 108
Deutsche Kirche 17
Diplomatische Vertretungen 98
Discos 65
Domkyrkan (Dom) 18
Donsö 39
Dresscode 64

E

EC-Karte 100, 108
Einkaufen 72
Einkaufszentren 73
Einwohner 88
Einwohnerzahl 83
Elche 29
Elektrizität 98
Emigranternas Hus 47
Entspannen 75
Eriksberg 31
Eriksberghalle 32
Essen 51
Events 78

F

Fähre, Anreise mit 92
Fähren 127
Fahrkarten 125
Fahrradvermietungssystem 109
Fährverkehr 35
Familien 106
Feiertage, schwedische 79
Feskekörka (Fischkirche) 21
Festung Älvsborg 29
Feuerwehr 108
Fischauktion 12
Fischrestaurants 60
Flohmärkte 74
Flughafen 92
Flughafenbusse 92
Flugzeug 92
Foodtrucks 61
Fremdenverkehrsamt 100

Fremdsprachen 113
Frühstück 57
Führerschein 97
Fundbüro 108
Fußgängerzonen 83

G

Galerien 49
Gastronomie 51
Geldfragen 98
Geschichte 84
Getränke 54
Götaälvbron 33
Götakanal 86
Götaplatsen 23
Göteborg City Card 10
Göteborg Film Festival 80
Göteborg Horse Show 80
Göteborg Icehockey Cup 80
Göteborg-Paket 117
Gothia Cup (Jugendfußballturnier) 79
Gothia Innebandy Cup 80
Große Markthalle (Stora Saluhallen) 19
Gunnebo Slott (Schloss Gunnebo) 40
Gustav Adolfs Torg (Gustav-Adolf-Platz) 17
Gustav II. Adolf 18

H

Hafen 82
Hafenrundfahrt 99
Haga, historisches Stadtviertel 26
Hagakyrkan (Haga Kirche) 26
Haga Nygata 26, 72
Handy 116
Hasselblad Center 47
Hochzeitsarrangements 28
HopOn-HopOff-Busse 114
Hostel 123
Hotels 120
Hotspots (WLAN) 104

I

Idrottsmuseet (Sportmuseum) 47
Imbisse 61
Immigranten, deutsche 17
Informationsquellen 100
Inseln 34
Inselwanderung 44
Internationale Küche 58
Internet 101, 104

J

Jugendherbergen 122

K

Kajak 112
Kanelbulle 62
Känsö 37
Kanufahren 111
Kartensperrungen 108
Kinder 106
Klippan Kulturreservat 23
Klubs 65
Kneipen 65
Knöllchen 96
Konsthall 47
Konstmuseum 47
Konzerte 69
Krankenhaus 106
Krankenversicherung 105
Kreditkarte 100, 108
Krimis, schwedische 30
Kronhuset und Kronhusbodarna 16
Kultur 46
Kulturkalaset 79
Kungsportsavenyn 23, 73
Kunst 46
Kunstbiennale, Internationale 80
Kunstgalerien 49
Kunst im öffentlichen Raum 50

L

Långgatorna 73
Lek- & Buslandet 107
Lesben 110
Lilla London 89
Lindberg, Charles Felix 50
Lindholmen 8, 32

Lippenstift 14
Liseberg 22
Literaturtipps 103
Lokale 55

M

Maestro-Karte 108
Magasinsgatan 72
Maritiman 15
Markthalle 19
Marstrand 41
Masthuggskyrkan (Masthugget-Kirche) 28
Medicinhistoriska Museet (Medizinhistorisches Museum) 48
Medizinische Versorgung 104
Meeresfrüchte 61
Mietwagen 97
Migranten 89
Mindestalter für Alkoholausschank 55
Mittsommer 79
Mobiltelefone 116
Museen 46

N

Nachtleben 65
Naturhistoriska Museum 48
Nordstaden 14
Nordstadt 14
Notfälle 107
Notruf 108
Nya Elfsborg Fästning 33
Nya Ullevi Stadion 69

O

Öffnungszeiten 52, 108
Operan, Göteborgs (Oper) 14
Ostindienkompanie 82
Ostindiensegler Götheborg 32

P

Paddan-Boot 20, 114
Palmenhaus 24
Parken 95
Polizei 108
Poseidonbrunnen 23
Post 109
Publikationen und Medien 102

R

Radfahren 109
Rauchen 68
Redewendungen 130
Reisezeit 128
Restaurants 56
Röhsska Museet 48
Ruddalen 76
Rundfahrten 114
Rundgang 13

S

Schärengarten, Göteborger 34
Schärengarten, südlicher 35
Schäreninseln 35
Schiffsmuseum (Maritiman) 15
Schiffsverkehr 127
Schloss Gunnebo 40
Schwedische Krone 98
Schwedische Küche 52, 55
Schwule 110
Seenotrettungsdienst 108
Shopping 72
Shoppingmeilen 72
Sicherheit 111
Sjöfartsmuseet Akvariet (Seefahrtsmuseum) 48
Skansen Kronan 27
Slottsskogen 29
Snus 70
Sörhallsberget 78
Souvenirs 75
Speisen 52
Sperrnummer 108
Spirituosen 66
Sport und Erholung 111
Sprache 113
Sprachhilfe 130
Stadsmuseum, Göteborgs 16
Stadtfest 79

Stadtgeschichte 84
Stadtspaziergang 13
Stadttouren 114
Stadtzentrum 17
Stora Saluhallen 19
Straßenbahn 126
Stromspannung 98
Styrsö 38
Styr & Ställ 109
Surströmming 59
Systembolaget 67

T

Tabak 70
Tagesablauf, kulinarischer 53
Tanken 95
Taschendiebe 111
Taube, Evert 51
Taxi 127
Telefonieren 115
Termine 78
Theater 69
Touristeninformation 101
Trädgårds Föreningens Park 25
Trinken 51
Trinkgeld 52
Trinkwasser 117

U

Übernachtung 113
Uhrzeit 117
Umrechnungskurs 99
Unfallambulanz 105
Universeum 22
Universität Göteborg 25
Unterkunft 117
Utkiken, Götheborgs 14

V

Vargö 36
Världskulturmuseet
(Weltkulturmuseum) 48
Vegetarisch 60
Veranstaltungen 78
Vergnügungspark Liseberg 22
Verhaltenstipps 124
Verkehrsmittel 125
Verkehrsregeln 96
Visa-Karte 100, 108
Volvo 90
Volvo-Museum 49
Vorwahl 5, 116
V-Pay 100
Vrångö 39

W

Währung 98
Wallgraben 14
Wasser 117
Wassersport 112
Weihnachtsmarkt 80
Westküste 34
Wetter 128
WiFi 104
WLAN 104

Z

Zahlen 130
Zahnarzt 106
Zeit 117
Zeitungen 102
Zug 93

Liste der Karteneinträge

1 [L3] Götheborgs Utkiken S. 14
2 [K3] Göteborgs Operan S. 14
3 [K4] Maritiman S. 15
4 [K4] Kronhuset und Kronhusbodarna S. 16
5 [K4] Göteborgs Stadsmuseum S. 16
6 [L4] Christinae Kyrkan oder Tyska Kyrkan (Deutsche Kirche) S. 17
7 [L4] Gustav Adolfs Torg (Gustav-Adolf-Platz) S. 17
8 [L5] Domkyrkan (Dom) S. 18
9 [L5] Große Markthalle (Stora Saluhallen) S. 19
10 [K6] Feskekörka (Fischkirche) S. 21
11 [P7] Vergnügungspark Liseberg S. 22
12 [O7] Universeum S. 22
13 [N6] Götaplatsen S. 23
14 [N6] Kungsportsavenyn S. 23
15 [M5] Trädgårds Föreningens Park S. 25
16 [M6] Universität Göteborg (Göteborgs Universitet) S. 25
17 [K6] Hagakyrkan (Haga Kirche) S. 26
18 [J6] Haga – das historische Stadtviertel S. 26
19 [J7] Skansen Kronan S. 27
20 [H7] Masthuggskyrkan (Masthugget-Kirche) S. 28
21 [C8] Klippan Kulturreservat S. 28
22 [H9] Slottsskogen S. 29
23 [D6] Eriksberg S. 31

•1 [L5] An- und Ablegestelle Paddan-Boote S. 20
★2 [J10] Botaniska Trädgård S. 29
13 [N5] Elyseum (Energie-Museum) S. 46
14 [K4] Emigranternas Hus (Haus der Emigranten) S. 47
15 [N6] Göteborgs Konsthall S. 47
16 [N7] Göteborgs Konstmuseum S. 47
17 [N6] Hasselblad Center S. 47
19 [L4] Medicinhistoriska Museet (Medizinhistorisches Museum) S. 48
20 [I8] Naturhistoriska Museum S. 48
21 [M6] Röhsska Museet S. 48
22 [G6] Sjöfartsmuseet Akvariet (Seefahrtsmuseum) S. 48
23 [O7] Världskulturmuseet (Weltkulturmuseum) S. 48
25 [M6] Galleri Åberg S. 49
26 [J7] Galleri Box S. 49
27 [B9] Röda Sten Konsthall S. 49
28 [M6] Familjen S. 55
29 [O6] Heaven 23 S. 55
30 [K6] Hemma hos ... S. 56
31 [J7] Karlsson's Garage & Bar S. 56
32 [M5] Kometen S. 56
33 [J7] Linnéterrassen S. 56
34 [J7] Restaurang Hos Pelle S. 56
35 [M5] Ritz S. 57
36 [D6] River S. 57
37 [M6] Tvåkanten S. 57
38 [J8] Bellini S. 58
39 [M5] Brasserie Lipp S. 58
40 [M6] Flying Barrel S. 58
41 [M5] Joe Farelli's S. 58
42 [K5] Kobe Sushi Bar S. 58
43 [L6] Lai Wa S. 58
44 [L5] Ma Cuisine S. 58
45 [K5] Mediterraneo S. 58
46 [I8] Pasta Haus S. 59
47 [I6] Sondha Indisk Restaurant S. 59
48 [N6] Tien-Tsin S. 59
49 [J6] Yammy Yammy S. 60
50 [L4] Andrum S. 60
51 [J6] En Deli Haga S. 60

52 [E7] Govindas S. 60
53 [O7] Sattva S. 60
54 [J6] Solrosen S. 60
55 [K4] Fiskekrogen S. 60
56 [K6] Gabriel S. 60
57 [K6] Sjöbaren S. 61
58 [C8] Sjömagasinet S. 61
59 [D6] Fiskehuset Svanen S. 61
60 [K5] Jinx S. 61
61 [E9] Korv Kiosk S. 62
62 [K5] Korv United S. 62
63 [K5] Strömmingsluckan S. 62
64 [L6] Vasagrillen S. 62
65 [J8] Café Ethel's S. 62
66 [K6] Café Husaren S. 62
67 [D6] Café Italia S. 63
68 [L5] Café Kosmos S. 63
69 [J6] Café Kringlan S. 63
70 [L6] Café Mio S. 63
71 [J7] Egg & Milk S. 63
72 [K6] Espressobar Nöller S. 63
73 [J6] Jacob's Café S. 63
74 [C8] Klippans Konstcafé S. 63
75 [D6] Kvarnpirens Café S. 63
76 [L4] El Toro Bravo S. 65
77 [M6] Lilla London S. 65
78 [L5] Ölhallen 7-an S. 65
79 [L5] The Dubliner S. 65
80 [M6] Excet S. 65
81 [K5] Nefertiti Jazz Club S. 65
82 [L3] Systembolaget (1) S. 67
83 [M6] Systembolaget (2) S. 67
84 [J7] Systembolaget (3) S. 67
85 [N6] Park Lane S. 68
86 [P6] Port du Soleil S. 68
87 [M5] Push S. 68
88 [J6] Pustervik S. 68
89 [K5] Sticky Fingers S. 68
90 [M6] Valand S. 69
91 [O6] Got Event AB S. 69
92 [N6] Göteborgs Konserthuset S. 69
93 [N6] Göteborgs Stadsteater S. 70
94 [N6] Lorensbergsteatern S. 71
95 [L5] Stora Teatern (Storan) S. 71
96 [K5] Antikhallarna S. 73
97 [L4] Arkaden S. 74
98 [L4] NK (Nordiska Kompaniet) S. 74
99 [L4] Nordstan S. 74
100 [G10] Bakluckeloppis S. 74
101 [H6] Kommersen Loppmarknad (Flohmarkt) S. 74
103 [J6] Haga of Sweden S. 75
104 [L5] da Matteo S. 76
105 [L4] Deutsches Honorarkonsulat in Göteborg S. 98
106 [L4] Österreichisches Honorargeneralkonsulat in Göteborg S. 98
107 [M4] Forex Centralstationen S. 100
108 [M6] Forex S. 100
109 [L5] Göteborgs Turistbyrå S. 101
110 [L4] Göteborgs Turistbyrå S. 101
111 [K6] Capio Axess Akuten S. 106
112 [K10] Sahlgrenska sjukhuset (Universitätsklinik Sahlgrenska) S. 106
113 [Q9] Fredriksdals läkarhus S. 106
114 [L4] Apoteket Hjärtat S. 106
115 [L5] Apoteket Kronan S. 106
116 [I1] Lek- & Buslandet S. 107
117 [N4] Polizei S. 108
118 [N3] Fundbüro der Polizei (Göteborg Hittegodscentralen) S. 108
119 [M4] Fundbüro Öffentlicher Nahverkehr (Västtrafik) S. 108
120 [M2] Fundbüro Schwedische Bahn (SJ Hittegods) S. 108
121 [K5] PostNord Göteborg S. 109
122 [M6] Cykelkungen S. 110
123 [L5] Bee Bar & Kök S. 110
124 [L4] Gretas Bar & Kök S. 111
125 [H6] Haket Pub S. 111
126 [L3] Point 65°N Kayak Center S. 112

130 [M5] Hotel Allén S. 120
131 [L5] Avalon Hotel S. 120
132 [L3] Hotell Barken Viking S. 120
133 [J5] Center Hotel S. 121
134 [M4] Hotel Eggers S. 121
135 [O6] Hotel Gothia Towers S. 121
136 [M2] Good Morning+ Göteborg City Hotel S. 121
137 [C8] Novotel Göteborg S. 122
138 [L6] Hotel Poseidon S. 122
139 [D6] Quality Hotel 11 S. 122
140 [L5] Vanilj Hotel S. 122
141 [L6] Hotel Vasa S. 122
142 [P8] City Lägenhetshotell S. 122
143 [I6] Göteborgs Mini-Hotel S. 123
144 [P8] Göteborgs Vandrarhem S. 123
145 [H6] Hostel Stigbergsliden S. 123
146 [H6] Masthuggsterassens Vandrarhem S. 123
147 [I8] Slottsskogens Vandrarhem S. 123
150 [M3] Västtrafiks kundservice (1) S. 126
151 [M4] Västtrafiks kundservice (2) S. 126
152 [L4] Västtrafiks kundservice (3) S. 126

Hier nicht aufgeführte Nummern liegen außerhalb der abgebildeten Karten. Ihre Lage kann aber wie die von allen Ortsmarken im Buch mithilfe der Web-App angezeigt werden (s. rechts).

Zeichenerklärung

- Hauptsehenswürdigkeit
- Bar, Treffpunkt
- Bibliothek
- Biergarten, Pub, Kneipe
- Café, Eiscafé
- Galerie
- Geschäft, Kaufhaus, Markt
- Fischrestaurant
- Hotel, Unterkunft
- Imbiss, Bistro
- Informationsstelle
- Jugendherberge, Hostel
- Kirche
- Krankenhaus, Arzt
- Museum
- Musikszene, Disco
- Pension, Bed & Breakfast
- Polizei
- Post
- Restaurant
- Sehenswürdigkeit
- Sonstiges
- Sport, Wellness
- Synagoge
- Theater, Zirkus
- Tram-, Straßenbahnhaltestelle
- vegetarisches Restaurant

- Stadtspaziergang (s. S. 13)

- Shoppingareale
- Gastro- und Nightlife-Areale

Göteborg mit PC, Smartphone & Co.

QR-Code auf dem Umschlag scannen oder **www.reise-know-how.de/citytrip/goeteborg17** eingeben und die **kostenlose Web-App** aufrufen (Internetverbindung zur Nutzung nötig)!

★**Anzeige der Lage und Satellitenansicht aller** beschriebenen Sehenswürdigkeiten und touristisch wichtigen Orte
★**Routenführung** vom aktuellen Standort zum gewünschten Ziel
★**Exakter Verlauf** des empfohlenen Stadtspaziergangs
★**Audiotrainer** der wichtigsten Wörter und Redewendungen
★**Updates** nach Redaktionsschluss

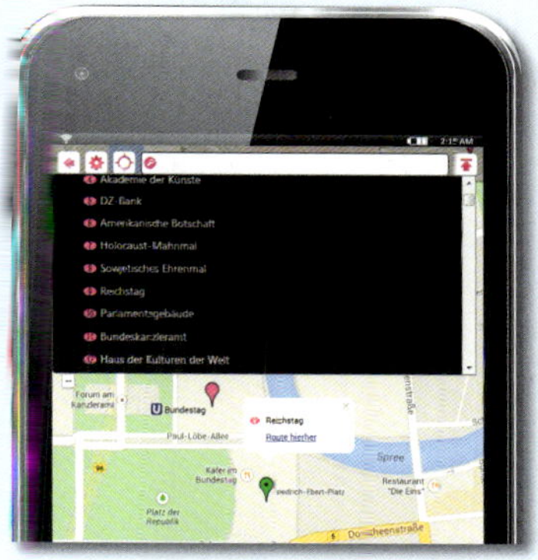

GPS-Daten zum Download

Auf der Produktseite dieses Titels unter www.reise-know-how.de stehen die GPS-Daten aller Ortsmarken als KML-Dateien zum Download zur Verfügung.

Stadtplan für mobile Geräte

Um den Stadtplan auf Smartphones und Tablets nutzen zu können, empfehlen wir die App „Avenza Maps" der Firma Avenza™. Der Stadtplan wird aus der App heraus geladen und kann dann mit vielen Zusatzfunktionen genutzt werden.

Unsere App-Empfehlungen zu Göteborg

› **GoWest – Västtrafik:** Die App hilft dabei auf flotte Art und Weise mit den öffentlichen Verkehrsmitteln zu reisen. Einfach Start- und Endpunkt eingeben und GoWest zeigt einem die schnellste Verbindung inklusive möglichen Umstiegen (kostenlos für Android).
› **Badplatsen Göteborg:** So findet man in Göteborg und Umgebung die nächstgelegene Badestelle, inkl. Infos zu Anfahrt und Wassertemperatur (kostenlos für Android und iOS).
› **Cykelstaden** ist der perfekte Begleiter für den Aktivurlauber, der die Stadt mit dem Fahrrad erkunden möchte: Von der Radwerkstatt bis hin zu „Pumpstationen" bietet die App alle wichtigen Adressen für Radfahrer (kostenlos für Android).
› **Tram Sightseeing:** Die App der Göteborger Verkehrsbetriebe Västtrafik bietet dem Nutzer verschiedene Guided Tours, mit denen man die Stadt per Straßenbahn erkunden kann (kostenlos für Android und iOS).

Die Web-App und der Zugriff auf diese über QR-Codes sind eine freiwillige, kostenlose Zusatzleistung des Verlages. Der Verlag behält sich vor, die Bereitstellung des Angebotes und die Möglichkeit der Nutzung zeitlich und inhaltlich zu beschränken. Der Verlag übernimmt keine Garantie für das Funktionieren der Seiten und keine Haftung für Schäden, die aus dem Gebrauch der Seiten resultieren. Es besteht ferner kein Anspruch auf eine unbefristete Bereitstellung der Seiten.

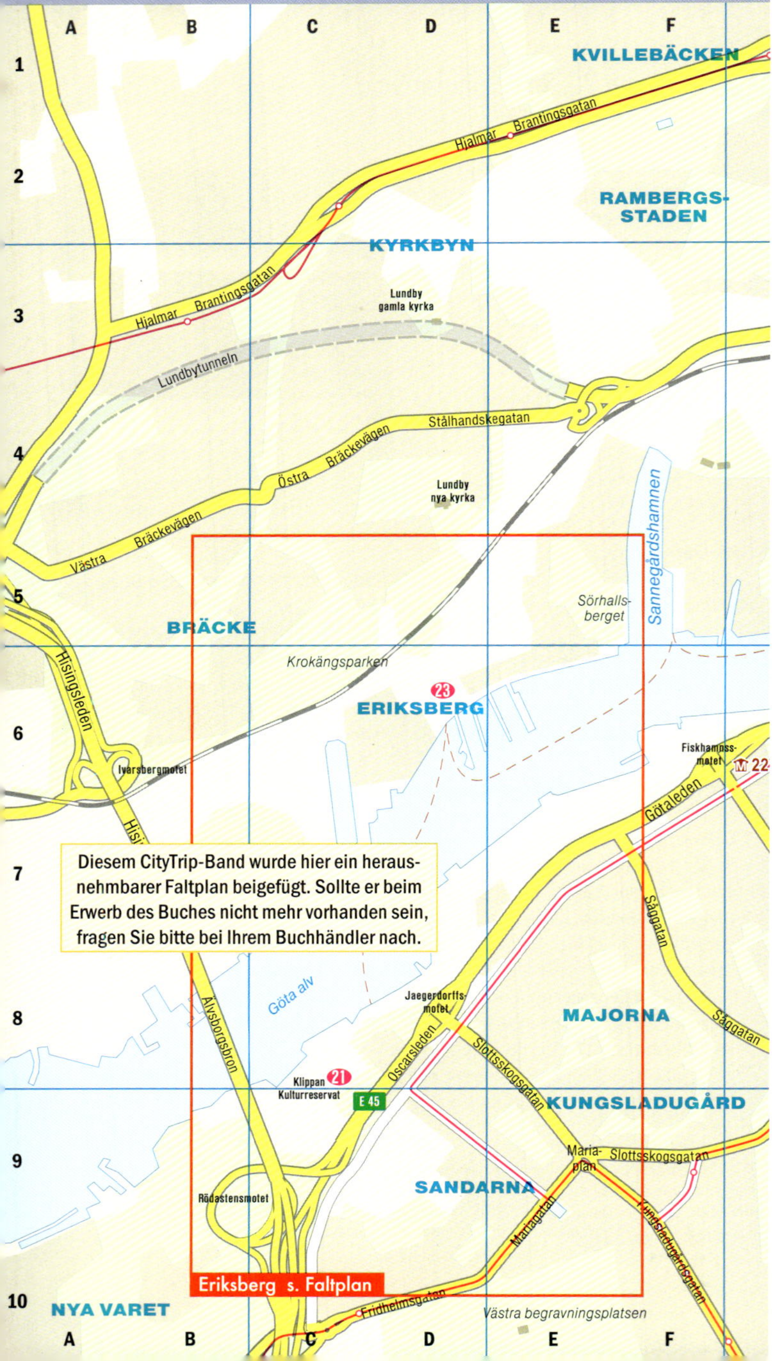

Diesem CityTrip-Band wurde hier ein herausnehmbarer Faltplan beigefügt. Sollte er beim Erwerb des Buches nicht mehr vorhanden sein, fragen Sie bitte bei Ihrem Buchhändler nach.